Ce manuel à l'usage des hommes enseigne tout ce qu'il est nécessaire de savoir des femmes avant d'envisager de les coucher dans son lit. Le célèbre thérapeute Gérard Leleu nous donne les clés de leur corps tant désiré. À offrir aux messieurs, mais aussi aux dames, qui pourraient apprendre sur elles-mêmes… À s'offrir, enfin, même si l'on croit déjà tout savoir !

Union

Du même auteur

L'homme (nouveau) expliqué aux femmes, Leduc.s Éditions.
Les secrets de la jouissance au féminin, Leduc.s Éditions.
Le guide des couples heureux, Leduc.s Éditions.
L'art de bien faire l'amour, Leduc.s Éditions.
Comment le faire jouir de plaisir et vice versa, Leduc.s Éditions.
L'art de la fellation, l'art du cunnilingus, Leduc.s Éditions.
La caresse de Vénus, Leduc.s Éditions.
Le traité des orgasmes, Leduc.s Éditions.
Comment le rendre fou (de vous), Leduc.s Éditions.
De la peur à l'amour, J'ai lu.
L'intimité et le couple, J'ai lu.
Sexualité, la voie sacrée, Albin Michel.
Écologie de l'amour, J'ai lu.
L'art de bien dormir à deux, Albin Michel.
Le traité des caresses, Flammarion.
Le traité du désir, J'ai lu.
Le traité du plaisir, J'ai lu.
La fidélité et le couple, Flammarion.

Collection dirigée par Patricia Delahaie

Quatrième impression (février 2013)
17, rue du Regard
75006 Paris – France

E-mail : info@editionsleduc.com

ISBN : 978-2-84899-207-5

Quotidien Malin est une marque des éditions Leduc.s

GÉRARD LELEU

COMMENT LA RENDRE FOLLE (DE VOUS)

QUOTIDIEN MALIN
ÉDITIONS

Sommaire

Introduction

On n'a jamais fini d'apprendre...

On disait autrefois que la majorité des femmes étaient plus intéressées par les sentiments que par les plaisirs sexuels. Désormais, on peut dire qu'elles sont intéressées autant par les uns que par les autres. Elles peuvent même faire l'amour sans aimer, par pur plaisir. Toutefois, le sommet du bonheur c'est, pour elles, quand l'amour préside à la relation sexuelle : elles rêvent que leur cœur et leur chair soient tous deux comblés.

Ainsi, Messieurs, dans tous les cas de figure, vous ne pourrez intéresser une femme, gagner son estime, voire son admiration et vous l'attacher durablement, que si, en plus de votre amour et de toutes vos qualités, vous possédez l'art de faire chanter son corps et de lui offrir les plus merveilleuses caresses et les plus sublimes unions.

Sans doute pensez-vous être un bon amant. Mais connaissez-vous tous les mystères et toute la richesse de la sensualité féminine. L'érotique de la femme est faite d'innombrables facettes qu'on ne finit pas de découvrir avec étonnement, avec ravissement. Vous avez donc encore beaucoup à apprendre.

Mais quelle que soit ou sera votre science, agissez toujours avec tendresse, avec respect, avec adoration. Oui, adoration. Même si vous n'aimez pas de grand amour votre partenaire, adorez-la parce qu'elle est femme, parce qu'elle va vous offrir à son tour des plaisirs divins, parce que ce qu'elle espère ce n'est pas un parfait petit technicien mais un artiste, un homme qui a, en plus de l'art et la manière, un cœur qui palpite.

« *L'orgasme ? C'est dans les bras de mon ami, le bonheur absolu, c'est le plus merveilleux et le plus extraordinaire des plaisirs. Mon sexe est parcouru d'ondes de chaleur, de vagues, de vibrations, de cascades, de spasmes voluptueux. Et tout ça passe dans mon ventre, dans mes cuisses. Puis ça s'étend à tout mon corps, ça monte dans mon dos, ça gagne ma tête. Je ne sais plus où j'en suis ! Alors une détente fabuleuse m'envahit, je flotte hors du temps. Et j'éprouve pour mon ami un sentiment d'amour infini.* »

S'il en était ainsi de toutes les femmes et tout au long de leur vie, de l'adolescence jusqu'à la grande vieillesse, il n'y aurait rien à écrire. Après tout, l'orgasme est un phénomène naturel et la nature a tout prévu : des centres cérébraux spécifiques, des circuits neuroniques d'une admirable complexité, des dizaines de millions de récepteurs d'une exquise sensibilité. Il n'y a qu'à suivre son désir et le plaisir s'ensuit à tous les coups. C'est ce qui se passe chez l'homme pour qui l'orgasme est automatique. Comme une réponse réflexe. Ce n'est pas aussi simple chez la femme.

« *L'orgasme ? Je ne connais pas. J'ai beaucoup de plaisir pendant les rapports mais jusqu'à l'orgasme je ne crois pas. On parle de perdre la tête, de ne plus savoir où l'on est. Ce n'est pas mon cas.* »

« *L'orgasme ? C'est par le clitoris. C'est moi toute seule ou c'est par mon mari qui s'y connaît. Ça marche à chaque fois. Par contre, s'il me pénètre, je ne ressens rien ou pas grand-chose. J'aimerais que ce soit fort, terrible, que ça m'emporte dans les nuages. L'orgasme dans le vagin me manque pour être vraiment heureuse.* »

Il est bien vrai qu'une grande majorité de femmes éprouvent des difficultés à atteindre l'orgasme. Encore faut-il distinguer les situations : seules, par autocaresse du clitoris, elles y accèdent facilement (95 %) ; quand c'est le partenaire qui stimule le bouton magique, c'est un peu moins facile (45 %). Ce qui est plus difficile, c'est d'obtenir l'orgasme par la pénétration du pénis de Monsieur dans le sacro-saint vagin ; il ne serait au rendez-vous que chez 30 % des femmes. Ainsi des dizaines de millions de femmes ne jouissent pas au cours du coït. Femmes frustrées, et qui ne se sentent pas complètement femmes, compte tenu du terrorisme de l'orgasme qui sévit actuellement.

« *Comment donner du plaisir à une femme ?* »

C'est à cette question que ce livre tente de répondre[1].

---

1. Ce livre est un condensé du *Traité des orgasmes.* Si vous voulez en savoir plus, reportez-vous à cet ouvrage.

Chapitre I

LES MYSTÈRES DE LA SENSUALITÉ FÉMININE

LES FEMMES ENFIN LIBRES

Les femmes ont une sexualité puissante et admirable. Elles n'ont rien à envier à l'homme qui, lui, s'éclate en un tour de reins.

Comme l'homme, elles sont pourvues d'un système érotique aussi naturel et complexe que le système respiratoire ou le système circulatoire et dont le but est de leur donner du plaisir, orgasme compris. Ce système est inné et fonctionne précocement. Le bébé fille mouille dès sa naissance et à 2 ou 3 ans, elle connaît des formes de plaisir proche de l'orgasme.

Comme l'homme, les femmes sont pourvues de tissus érectiles prêts à se gonfler et de récepteurs sensitifs d'une exquise sensibilité. Mieux : leurs tissus érectiles ont au total un volume supérieur, et leurs récepteurs sont plus nombreux, vu que les uns et les autres sont répartis dans deux sites au moins (clitoris et vagin).

Donc, potentiellement, les femmes ont la capacité d'obtenir facilement un orgasme. Pourquoi n'en est-il pas ainsi ? Il y a plusieurs réponses à cela. La première est historique : le plaisir féminin et l'orgasme reviennent de loin parce qu'ils furent combattus et même interdits. De cette période de répression, il reste dans l'inconscient collectif de toute femme des traces délétères qu'il faut exorciser en en dénonçant les origines. Car ces traces peuvent encore la bloquer.

Par exemple, au cours de ces sombres périodes, la masturbation fut cruellement réprimée. De cette croisade antimasturbation il persiste, à coup sûr, des traces dans le psychisme des êtres actuels, des traces qui peuvent encore les bloquer. Or, des recherches ont montré que la capacité pour une femme à avoir des orgasmes est corrélée à sa pratique masturbatoire. La répression de la masturbation chez la fillette est la principale cause de « frigidité » ; elle empêche la personne de s'explorer donc de se connaître et de s'éveiller au plaisir. De plus, elle insinue la honte dans un geste naturel.

Savoir que leur éventuelle difficulté à jouir n'est pas un fait naturel mais le résultat artificiel d'une répression doit soulager bien des femmes.

JOUISSANCE ET ORGASME

L'orgasme, du grec *orga* : bouillonner d'ardeur, est le plus haut degré du plaisir sexuel. On peut aussi dire : plaisir sexuel extrême ressenti au summum de l'excitation.

Ce plaisir se définit :
1) par son intensité – la plus forte que puisse ressentir naturellement un être humain ;
2) par son origine sexuelle ;
3) par sa survenue après une phase plus ou moins longue d'excitation ;
4) par la soudaineté de sa survenue ;
5) par la brièveté de sa durée – quelques secondes – sauf lorsque les orgasmes s'enchaînent en transe – quelques minutes ;
6) par l'irradiation c'est-à-dire la propagation plus ou moins importante du plaisir à travers le corps ;
7) par les émotions et les modifications de conscience qui l'accompagnent : félicité, sentiment d'amour, etc.

Fait aussi partie de la description de l'orgasme et achève de le définir, la profonde détente qui le suit : impression de flottement teinté d'un grand bonheur et surtout impression de satisfaction totale dite encore assouvissement qui « délivre » du désir. Le désir et l'excitation mettent le corps et le psychisme « en charge ». L'acmé constitue une complète « décharge ». Sans cette profonde détente, sans cette satisfaction, on peut dire qu'il n'y a pas eu d'orgasme ou un orgasme incomplet.

Si l'orgasme est comblant, il n'est pas nécessaire de le renouveler, c'est pourquoi beaucoup de femmes se satisfont d'un seul orgasme, en sont parfaitement heureuses et épanouies et ne cherchent pas à exploiter leur capacité polyorgasmique.

Si l'orgasme n'a pas apporté un total apaisement, si le désir n'est pas entièrement assouvi, s'il n'y a pas eu décharge complète, la personne va avoir besoin d'un autre orgasme et d'un autre encore, bref va être insatiable. L'orgasme vaginal se révèle souvent plus comblant que l'orgasme clitoridien.

Ce qui manque le plus aux femmes qui ratent un orgasme ce n'est pas le plaisir, c'est la détente qui suit le plaisir.

Le mode culmination-explosion

L'orgasme fonctionne sur le mode de la culmination-explosion : une série ou succession de stimulations élémentaires est appliquée sur un point érogène, chaque stimulation procure un plaisir légèrement supérieur au précédent ; la bénéficiaire ressent donc des sensations voluptueuses d'intensité croissante. Et soudain, à un certain niveau d'excitation, éclate un plaisir plus fort que tous les petits plaisirs préalables additionnés : c'est l'explosion.

C'est un phénomène analogue à celui d'un condensateur électrique : en charge, il accumule de l'énergie ; mis en service – en décharge – il libère soudain la totalité de l'énergie accumulée. En matière d'orgasme il est possible d'accroître l'énergie accumulée – c'est-à-dire l'excitation – par la stimulation de plusieurs zones érogènes. C'est le phénomène de sommation. Par exemple, à la stimulation du clitoris on ajoutera la stimulation d'un mamelon ou de l'anus. La décharge, c'est-à-dire le plaisir orgasmique, en sera d'autant accrue.

Bienheureuse jouissance

Dans le langage commun, « jouir » c'est avoir un orgasme. J'emploie ici ce mot dans un sens plus large et que j'oppose à orgasme. Jouir c'est savourer un plaisir qui est d'une intensité moins forte, qui est moins soudain, qui est plus durable (des dizaines de minutes), mais dont la qualité (subjective) n'est pas moindre. Si l'orgasme est une déferlante, la jouissance est une lente et ample vague. La jouissance est de l'ordre du cueillir, du goûter, du délecter.

La « simple » introduction du pénis et sa « simple » présence au creux du vagin produit chez beaucoup de femmes une émotion exquise voire profonde, un ravissement, une euphorie, un apaisement. Ce qui les exalte c'est cette impression de partage, voire de communion avec leur amant, le sentiment de lui faire un don majeur, la sensation que le vide en elles est comblé et qu'elles sont en plénitude, tandis que l'étreinte de l'homme les enveloppe et les emporte.

Mais il n'y a pas que la pénétration qui confère cet état de béatitude. Les femmes peuvent aussi l'éprouver quand l'homme les enveloppe de caresses, les baigne de baisers, les couvre de mots doux, et lorsque l'odeur de la peau mâle les enivrent ; la jouissance est de toute sensation.

Que les femmes qui se croient des « ratées » parce que le plaisir ne les a pas encore secouées, mais simplement frôlées, soient attentives à ces voluptés qui valent leur pesant de bonheur. Le plaisir se chante sur tous les tons, la mélodie qui s'élève de deux êtres aimants qui se joignent de tous leurs sens se fera hymne à la joie et montera beaucoup plus haut que le cri de l'orgasme ordinaire.

Le déroulement de l'orgasme féminin

L'orgasme est le couronnement d'un cycle désir-excitation-plaisir. Quel que soit le point de départ de l'orgasme, les processus de base sont les mêmes : il passe par six phases.

Les 6 phases de l'orgasme

Phase 1 : la phase de désir

La vue, et a fortiori le contact d'un homme – mais aussi sa représentation imaginaire –, peut déclencher le désir chez la femme. Alors tout son être s'anime. Une attente joyeuse qui peut se faire fébrile la gagne. Son cœur cogne, sa tension s'élève. Dans son ventre s'amorcent des transformations : les tissus érectiles de sa vulve et de son vagin commencent à se remplir, le vagin perle quelques gouttes de rosée.

Parfois l'utérus réagit par quelques contractions. Mais sans doute la sensation la plus émouvante, la plus symbolique est cet appel de tout son corps : au bas de son ventre, c'est ce creux qui aspire à être pénétré, rempli.

Phase 2 : la phase d'excitation et de plaisir montant
À mesure que croît l'excitation, le plaisir augmente selon une courbe ascendante.

L'homme s'est approché de l'aimée, l'a embrassée, lui a prodigué des caresses sur la peau, sur le sexe. Dès l'approche de l'homme, puis au cours de l'union, les transformations entamées chez la femme se sont accélérées. Une véritable insurrection se produit dans son corps et principalement dans ses organes sexuels – la vulve, le clitoris, le vagin – dont les tissus érectiles commencent à se dilater. Ces tissus sont de véritables éponges vasculaires faites d'un groupement de petites vacuoles ou microcavernes ; à chacune aboutit une petite artère qui amène du sang ; de chacune repart une petite veine qui reprend le sang ; en cas d'excitation, l'artériole s'ouvre amenant un flux accru de sang dans la vacuole tandis que la veinule se ferme empêchant le sang de repartir ; ainsi le sang étant coincé dans la vacuole, celle-ci s'engorge et gonfle, la totalité de la zone sexuelle fait de même : c'est l'intumescence ou turgescence.

Chez l'homme, dont le sexe est extérieur, l'intumescence est visible, c'est l'érection. Chez la femme dont le sexe est intérieur, l'intumescence est intime, secrète. Mais ses adorateurs peuvent en admirer des facettes : le clitoris dont le gland se redresse (mais ce faisant se cache sous son capuchon), les grandes lèvres qui se rengorgent et s'écartent, découvrant l'orifice vaginal, les nymphes qui s'épaississent et jouent les guirlandes florales. Admirons aussi l'écarlate de ce sexe florifère nourri à profusion de sang pulsant. Et les doigts d'apprécier, émus, de chaque partie de la corolle l'éclosion, la fermeté et la chaleur accrues.

Bien qu'invisible, l'intumescence du vagin peut néanmoins être goûtée par les doigts – l'index et le majeur – d'un amant précautionneux : les ayant introduits, toute sensibilité en éveil, il perçoit autour d'eux la présence d'une gaine gorgée et brûlante ; palpant la paroi vaginale du bout de leur pulpe, il en sent la résistance.

Bien entendu, la femme ressent de l'intérieur toute cette intumescence, son désir et son plaisir en sont grandis. Car l'intumescence est source de volupté de deux façons :

1) en soi la perception de la congestion de ses organes sexuels procure à la femme une impression de tension plaisante et de pulsations agréables ;

2) en elle-même, la congestion rend les organes sexuels hypersensibles ; une muqueuse rouge vif acquiert une exquise sensibilité érotique.

Parce qu'intérieurs, on ne se rend pas compte du volume des tissus érectiles de la femme : il est considérable. Si l'on additionne les tissus érectiles qui occupent les différentes parties du clitoris, de la vulve, du point G, de la gaine périvaginale – tous éléments reliés entre eux – on obtient une base de plaisir remarquable et plus vaste que celle de l'homme.

Se congestionnent aussi tous les organes du bassin : l'urètre, l'utérus, les trompes, les ovaires, le rectum. Les seins eux-mêmes ne restent pas à l'écart de la révolution sanguine : ils gonflent, leur volume augmentant d'un cinquième leurs aréoles se soulèvent en verre de montre et prennent une teinte foncée, leurs mamelons s'érigent et se durcissent.

Le cœur de la femme s'accélère et bat plus fort : son amplitude et sa fréquence augmentent, sa tension artérielle augmente également de 4 ou 5 points. Sa respiration s'accélère passant de 20 mouvements/minute à 30, son amplitude croît aussi. Ces transformations physiologiques sont provoquées par l'émotion et nécessitées par les besoins en sang et en oxygène des muscles qui travaillent.

Pour que l'excitation au cours de cette phase préparatoire soit optimale, il faut que l'homme procure à son amante les meilleures caresses tous azimuts. C'est le rôle des préliminaires. « *J'aimerais,* déclare une femme, *que l'homme m'excite longtemps, jusqu'à ce que mon vagin l'appelle et que je crie de désir.* »

Même si cette phase a pour but d'aller vers l'orgasme, on peut la vivre en soi ; le plaisir croissant est grisant ; il emplit de bonheur, il nous fait déborder d'amour. Il faut prolonger les caresses.

Phase 3 : la lubrification ou mouillure

Sur la paroi du vagin apparaissent des perles de rosée qui se rejoignent pour former un film continu dont le but est de favoriser le glissement du pénis. Cette eau vient des vaisseaux sanguins de la gaine vaginale. Il s'agit d'une transsudation et non d'une sécrétion. Ce liquide est clair et aqueux comme de l'eau de roche. Il apparaît très vite : une femme désirante peut mouiller en dix à trente secondes.

Phase 4 : la phase d'excitation et de plaisir en plateau

Alors que les stimulations continuent (caresses, coït), l'excitation et le plaisir, après une courbe ascendante, arrivent à un haut niveau et s'y maintiennent selon une courbe en plateau.

L'intumescence est maximale : les organes sexuels sont gonflés à bloc, leur muqueuse est cramoisie et hypersensible. Si la lubrification se réduit, c'est que le relais est pris par les glandes de Bartholin, situées dans la vulve de chaque côté de l'entrée du vagin et qui sécrètent un liquide un peu plus muqueux.

Phase 5 : la phase orgasmique : l'excitation et le plaisir en flèche

Peu avant l'orgasme, le rythme respiratoire s'accélère, la femme peut lancer quelques paroles ferventes, puis sa respiration se suspend quelques secondes, son corps se tend. Soudain l'apnée cède, un cri fuse, le corps se déchaîne : c'est l'orgasme.

Le plaisir s'élance vers des sommets, la courbe quitte le plateau et grimpe à la verticale vers un pic. C'est l'expérience de plaisir la plus intense qui soit. Mais cette intensité est variable selon le point de départ de l'excitation (caresse du clitoris, coït, etc.), selon les jours, selon les êtres, selon leur état. Elle se répartit sur une échelle de 1 à 10, c'est-à-dire de l'orgasme le plus doux, à la limite de la simple jouissance, à l'orgasme le plus séismique où l'on croit perdre la tête. Les irradiations dans le corps varient aussi : soit le plaisir se cantonne aux organes sexuels, soit il envahit une partie plus ou moins grande du corps. Enfin, les modifications de conscience qui l'accompagnent fluctuent aussi : de la légère ivresse à l'extase mystique.

Au niveau des muscles du périnée

Il se produit des contractions rythmiques. Cette « réponse musculaire », découverte par Masters et Johnson, est le phénomène central et typique de l'orgasme. Le périnée est ce hamac de muscles entrecroisés qui constituent le fond du bassin et qui va de l'os du pubis en avant au coccyx en arrière ; parmi ces muscles, le plus actif est « le releveur de l'anus » en particulier sa partie appelée « muscle pubo-coccygien » (PC). On l'appelle aussi « muscle papillon » en raison de sa forme ou « muscle du bonheur ». Il est bon de savoir que ce muscle PC cravate le tiers inférieur du vagin et je vous laisse imaginer les exultations du pénis engagé dans celui-ci quand le pubo-coccygien se met à se contracter en cadence. Ces muscles sont des muscles striés qui se contractent automatiquement mais que la femme peut aussi commander.

Les contractions du périnée, et donc du PC, sont rythmiques, autrement dit cadencées, alternant une contraction et un relâchement ; l'intervalle entre deux contractions est de 0,8 seconde ; le train de contractions comprend 3 à 15 unités, sa durée totale est de 3 à 12 secondes. Un orgasme léger correspond à 3 ou 4 contractions, un orgasme fort à 12 ou 15 contractions. À noter que la sensation de plaisir précède la série de contractions de 3 secondes.

Si les stimulations reprennent, un nouvel orgasme se produit accompagné de cette même danse musculaire.

Au niveau du vagin
Il se produit un resserrement de son tiers inférieur, dû à la contraction de plusieurs muscles : les muscles de l'entrée du vagin, les muscles constricteurs de la vulve et le pubo-coccygien dont on a vu qu'il cravatait l'orifice vaginal.

Au niveau de l'utérus
Il se met à monter et à descendre et se contracte comme pour accoucher. Ces contractions sont également rythmiques et voluptueuses. Elles ne se produiraient que pour les orgasmes dits « profonds ». La participation de l'utérus donnerait les orgasmes les plus intenses de coloration « viscérale ».

Phase 6 : la phase de détente
L'orgasme ne dure que quelques secondes : quand il est passé, l'excitation et le plaisir décroissent selon une courbe descendante oblique. Lui succède un état de profonde détente qui est un plaisir en soi : le corps est complètement relâché, apaisé, un bien-être délicieux l'envahit. La conscience est aussi détendue, dans un état de béatitude. C'est le bonheur avec un sentiment de plénitude.

« Soudain, tout se relâche, tout s'apaise. Je suis hyperdétendue. Je suis comme dans du coton. Je suis saoule. Je vois la vie en rose. »

Ce qui se passe dans le corps correspond à cette décrue :

- Les tissus érectiles se vident **très lentement** de leur sang ; il leur faut une bonne demi-heure pour revenir à l'état premier. Alors que l'homme débande en quelques minutes.
- Les muscles du périnée, en particulier le muscle PC, se décontractent et se mettent au repos. Suivis de tous les muscles du corps qui alors s'immobilisent et se relâchent. Les muscles du visage se détendent et sont même encore plus détendus qu'en temps normal : c'est ce qui donne cet aspect paisible et radieux.

Les femmes n'ont pas de phase réfractaire, contrairement à l'homme ; sans doute est-ce dû au fait que leur intumescence subsiste longtemps. Aussi peuvent-elles obtenir un nouvel orgasme si elles le désirent et d'autres encore dans les minutes qui suivent. Elles peuvent aussi obtenir des orgasmes très rapprochés qui s'enchaînent et constituent une transe orgasmique d'une durée de 20 à 60 secondes. Spectacle bouleversant et étonnant qu'une femme en transe d'amour.

La femme a donc une capacité multi-orgasmique. Hélas elle se heurte à la phase réfractaire de l'homme. Après un premier orgasme avec éjaculation, celui-ci voit son érection et son désir se réduire, voire s'annuler tandis qu'une certaine fatigue teintée de mélancolie le gagne. S'il n'est plus jeune ou s'il n'est pas d'un tempérament bouillant, il souhaitera en rester là. Jeune ou plus chaud, il pourra assurer un second coït dont il sortira encore un peu plus ramolli sur tous les plans. Un troisième coït le contraindra à sortir du jeu. Dans ces conditions, la femme ne trouve pas le moyen d'exercer ses talents. Heureusement la solution existe : que l'homme apprenne à maîtriser son éjaculation ; alors il pourra faire l'amour sans fatigue et sans limite, le désir et le pénis toujours flamboyants.

Chapitre II

L'ART DES CARESSES CLITORIDIENNES

UN SACRÉ BOUTON

Le clitoris, par sa complexe beauté et sa précision de fonctionnement, est une œuvre d'orfèvrerie. La nature ne pouvait faire moins pour un organe hyperspécialisé dans le plaisir.

Il est bon que la femme connaisse bien son clitoris et l'explore des doigts et du regard, pour elle-même et pour guider l'homme[1]. Il est indispensable que les hommes connaissent les secrets du bouton sacré.

---

1. Voir *La Caresse de Vénus* (Éditions Leduc.s).

Le clitoris : une merveille

Le clitoris ne se résume pas à ce petit rubis que vous percevez sous vos doigts ou sous vos yeux, ce n'est que sa partie émergée ; derrière cette perle il y a un système plus vaste : les 9/10e du clitoris sont internes et invisibles.

Au centre du système est le gland du clitoris, le rubis que vous connaissez bien. Il est à demi recouvert par un capuchon qui peut glisser sur lui et qui est fait de la réunion des deux petites lèvres ou nymphes, ces fines membranes attachées à l'intérieur des grandes lèvres. Le gland a la taille d'une myrtille – 3 à 6 mm. Quand il est excité il grossit jusqu'à 6 voire 10 mm. Pour mieux le voir, je conseille de retrousser délicatement le capuchon comme on retrousse une paupière. En dessous du gland, c'est-à-dire à sa face postérieure, s'attache d'un côté et de l'autre un fin filet qui va se fixer sur les nymphes : ce sont les freins du clitoris. Aux adorateurs je peux le dire : c'est le point le plus exquis du clitoris ; mais il faut être orfèvre pour le chatouiller et en confier ce soin à la pointe de la langue.

Prolongeant le gland, au-dessus de lui vers le haut de la vulve, est la tige. Comme elle est recouverte par le capuchon puis par la muqueuse vulvaire les yeux ne font que la deviner, mais par contre les doigts la perçoivent bien : un mince cylindre qui roule sous la pulpe, long de 25 à 35 mm, épais de 3 à 5 mm. Excitée, elle gonfle, se voyant et se palpant mieux.

Arrivée en haut de la vulve, sous le pubis donc, la tige se divise en deux racines qui s'écartent et se recourbent pour aller s'insérer sous le rebord de l'os du bassin ; c'est dire si ces racines s'enfoncent profondément dans la chair des grandes lèvres, mais même si excitées elles gonflent, on ne peut pas les palper.

L'érection du clitoris

Le clitoris doit son éroticité à ce qu'il contient – des tissus érectiles – et à ce qu'il porte – des capteurs sensitifs très particuliers et très nombreux.

Chaque partie du clitoris contient des tissus érectiles prêts à se gorger de sang en cas d'excitation. C'est la turgescence. Le gland, la tige et les racines se mettent à gonfler et deviennent plus durs, plus chauds et plus rouges, ce qui ne peut se voir qu'au niveau du gland, seule partie émergée. Se rengorgeant et cramoisi devenu, le gland a fière allure. Attention toutefois, il y a un piège pour les hommes : quand il s'érige au maximum, le clitoris rentre sous sa capuche et disparaît en partie au regard et au doigt. Mais il est toujours là et il ne faut pas s'arrêter de le stimuler. De grâce continuez sans relâche.

Le système clitoridien est relié aux autres systèmes érectiles du sexe de la femme par un réseau de vaisseaux, à savoir les bulbes vestibulaires, la gaine périurétrale et la gaine périvaginale avec son point G.

Les capteurs de plaisir

À la surface des muqueuses recouvrant les diverses parties du clitoris – le gland, la tige, les racines –, se trouve une constellation de capteurs sensitifs chargés d'enregistrer les sensations de tous ordres : contact, chaud, froid, volupté ou douleur. Les corpuscules de volupté, dits de Krause, sont spécialisés dans l'élaboration du plaisir sexuel. Seuls le gland du clitoris et celui du pénis en sont pourvus et le clitoris en possède plus que celui du pénis 20 fois plus gros : 8 000 contre 4 000. Par sa puissance érotique, le clitoris est un véritable détonateur.

Les réponses du corps à l'excitation clitoridienne

Nous retrouvons ici certaines des réponses décrites dans le chapitre général sur l'orgasme, plus d'autres réponses propres au clitoris.

La lubrification

D'abord c'est le vagin qui se lubrifie. Son eau déborde dans la vulve puis sur les cuisses quand l'excitation est extrême. Puis les glandes de Bartholin situées dans la vulve prennent le relais. Son liquide est plus muqueux.

La transformation en montgolfière de la cavité vaginale

L'entrée du vagin et son tiers inférieur se resserrent.

Ceci est dû à l'action conjuguée :

- de la turgescence du manchon érectile périvaginal ;
- de la contraction du muscle constricteur de la vulve ;
- de la contraction du muscle pubo-coccygien qui cravate le bas du vagin.

Vous remarquerez avec jubilation que pour le pénis ainsi tenu, retenu et quelque peu massé à sa base, ce n'est que pur bonheur. Par contre, les deux tiers supérieurs de la cavité vaginale se dilatent, se ballonnisent. Ici aussi, la nature a été prévenante avec le pénis : il s'agit de laisser de l'air au gland, de lui faciliter ses mouvements. Mais la femme y trouve aussi son avantage car ses culs-de-sac vaginaux si sensuels vont être « pilonnés » à souhait. Le diamètre du vagin dilaté est compris entre 50 et 70 mm. Les doigts d'un homme qui alors caressent le vagin, sentent bien cette expansion au grand ébahissement du mâle. Ainsi, la stimulation clitoridienne prépare le creux de la femme à recevoir l'homme et son pénis.

L'ascension de l'utérus

L'utérus remonte, entraînant la remontée des culs-de-sac qui deviennent alors distants de 12 cm de l'orifice vaginal.

Les contractions rythmées des muscles du périnée

C'est le dénominateur commun de tous les orgasmes quel que soit leur point de départ.

L'orgasme féminin
Le plaisir monte progressivement (courbe ascendante) puis se maintient à un haut niveau (courbe en plateau) avant de fuser quasi verticalement (courbe en flèche).

La détente
Elle est, en général, moins profonde que celle qui suit l'orgasme vaginal. Un nouvel orgasme peut repartir après quelques secondes ; parfois il est préférable d'attendre plus longtemps car le clitoris est devenu hypersensible. La répétition des orgasmes est potentiellement illimitée.

Nous voyons que le clitoris « fonctionne » sur le mode du condensateur : « mise en charge » suivie de « décharge ».

On comprend que si l'homme cesse ses stimulations en période de charge, autrement dit abandonne la femme en plein plateau, avant que n'éclate l'orgasme, celle-ci va se retrouver avec ses organes sexuels congestionnés, son muscle PC contracté et son énergie en suspens. Elle ressentira des douleurs, de l'irritation et de la tristesse. Et tous les désordres liés à l'implosion de son énergie. Une caresse commencée doit être menée à son terme ; si elle rate, il faut que la femme la mène elle-même à bonne fin avec ses doigts ou un gode.

Que ressent la femme ?
C'est par comparaison avec l'orgasme vaginal que les femmes s'expriment. Classiquement, disent-elles,

l'orgasme clitoridien est plus rapide à venir, tellement rapide qu'il peut être « *foudroyant* », « *fulgurant* ». Plus court de durée. Plus aigu, elles disent : « *piquant* », « *incisif* », « *affiné* », « *exacerbé* », « *énervant* », « *agaçant* », « *électrique* ». Mais elles peuvent également le ressentir comme une pulsation dans le clitoris (« *mon cœur bat dans mon clitoris* ») ou un gonflement, une « *érection* » de celui-ci.

Plus superficiel, c'est-à-dire plus en surface. Plus ponctuel, elles disent aussi : « *localisé* », « *précis* », « *concentré* », « *dense* », il ne concerne que le clitoris et la vulve. Mais, il peut aussi irradier dans le vagin, le périnée, l'anus, le bassin même. Elles le ressentent comme une onde de chaleur ou une onde de pulsations voluptueuses ou une onde de spasmes. Cette irradiation dans le vagin confirme le phénomène d'érotisation du vagin par le clitoris. « *À l'entrée,* disent-elles, *c'est une impression de chaleur, de feu. Tout le long du conduit, c'est une impression de vagues de spasmes ou de salves de palpitations qui, les unes et les autres, gagnent l'utérus. Au fond, c'est une sensation de dilatation, de ballon qui se gonfle.* » (C'est la « montgolfière » des culs-de-sac vaginaux.) Toutes ces sensations peuvent être violentes. Enfin, survient un besoin d'être pénétrée. Il n'est pas rare que l'irradiation atteigne l'intérieur des cuisses d'où elle fuse dans les jambes et qu'elle diffuse dans l'ensemble du corps où elle est ressentie comme un tremblement, plus ou moins fort, qui le parcourt des pieds à la tête ou bien comme une lame de fond de spasmes qui le submerge. C'est alors qu'un bien-être s'installe.

Plus intense, voire violent, ce qui ne surprend pas : le clitoris n'est-il pas bourré de récepteurs sensitifs de toutes sortes, y compris de capteurs de volupté ? En plus, il est « prêt à l'emploi » dès la naissance et « entraîné » depuis l'enfance, c'est-à-dire depuis de longues années. Toutefois les femmes préfèrent l'orgasme vaginal (quand elles l'obtiennent). Les raisons de leur préférence : les femmes sont des êtres de relation et l'orgasme par coït est la plus étroite des relations.

Le doigt de l'homme

Je conseille aux hommes de regarder comment les femmes se masturbent : c'est la meilleure façon d'apprendre comment stimuler le bouton divin. Encore faut-il que vous acceptiez que votre partenaire s'autocaresse. Mais vous le pouvez dans tous les cas de figure :

- Ou bien la femme n'a pas eu d'orgasme vaginal au cours du coït, elle n'est pas assouvie, mais vous n'y êtes pour rien, c'est elle qui n'est pas encore suffisamment éveillée. Laissez-la sortir de sa pénible frustration. Et aidez-la à s'éveiller comme il sera dit plus loin.
- Ou bien elle n'a pas eu d'orgasme parce que vous avez été mauvais (malhabile, trop rapide, etc.). Laissez-la se rattraper. Quant à vous, il vous reste à vous perfectionner grâce à cet ouvrage.
- Ou bien elle aime s'autocaresser pour le plaisir, comme un supplément – un must – à ce que vous

lui offrez. Ayez la générosité et l'intelligence de vous associer à son geste. Jouez ensemble.

- Ou bien elle est fort anxieuse, tendue et recourt à la masturbation pour se tranquilliser, apaiser son stress. Vous pouvez le comprendre. Et proposer des câlins meilleurs encore.

Quand la femme elle-même stimule son clitoris, elle atteint l'orgasme dans 95 % des cas, voire 100 %. Quand c'est l'homme qui le caresse, l'orgasme ne survient que dans 45 % des cas. Et encore, il s'agit de femmes qui l'avaient rendu très sensible en le caressant elles-mêmes souvent. Pourquoi cette différence ? Pourquoi les caresses de l'homme n'arrivent-elles pas à émouvoir aussi facilement et aussi intensément le bouton ?

Vous pouvez mieux faire

L'homme ne sait pas toujours bien caresser le clitoris. Il ignore la configuration du sexe féminin, son fonctionnement, ses attentes. Il est souhaitable que vous, les hommes, vous appreniez ce sexe : consultez les passages où sont exposées son anatomie et sa physiologie, contemplez-le quand une femme vous fait l'honneur de vous l'offrir, repérez-en les points sensibles, écoutez ce que vous dit la femme, demandez-lui des précisions sur ce qui est bon. Bref, vous les hommes, intéressez-vous plus au clitoris, retenez les leçons apprises et mettez du cœur à l'ouvrage.

Apprendre à caresser le clitoris

Ne foncez pas le doigt impatient sur le bouton et ne l'abordez pas sans avoir mouillé votre doigt. Trempez-le dans le vestibule vaginal car si les caresses préalables que vous lui avez prodiguées ont été parfaites, cet endroit doit être tel le griffon d'une source. Si ce n'est pas le cas, portez votre doigt à votre bouche pour l'enduire de salive. À moins que vous n'utilisiez une bonne crème.

De vos cinq doigts, celui qui convient le mieux, c'est le médius : il est le plus doux, le plus tendre, le plus délié, le plus inspiré, bref, le plus sensuel. L'index est fort intelligent mais un peu trop autoritaire, pointu – pointant. Vous pourriez coupler médius et index, l'un apportant sa souplesse, l'autre sa force. Quant à l'annulaire, à lui seul il ne fera qu'un travail d'amateur : alors, associez-le avec le médius ou l'index. Mettez l'annulaire dans le sillon qui se trouve entre le clitoris et la grande lèvre, l'index dans le sillon homologue de l'autre côté et le médius, doigt central, au dessus du bouton prêt à jouer sa partition. Cette position est d'autant plus confortable pour votre main qu'elle pourra se poser sur le mont de Vénus ! Et que l'annulaire et l'index pourront maintenir les lèvres écartées.

Et votre pouce ? Bien qu'assez gauche, l'utiliser pour jouer avec le gland vous permettrait d'affecter vos autres doigts à des tâches subtiles du côté du vagin ou de l'anus. Pensez aussi à vous servir de votre main entière. Appuyez, frottez avec son plat ou son talon ou son tranchant. C'est moins précis mais ça procure un plaisir étendu à toute la fente – les grandes lèvres, le vestibule, etc.

Votre main a-t-elle envie de s'ébattre à l'extérieur ? Proposez-lui la caresse suivante : posez votre pouce sur une face externe de la vulve, posez vos quatre autres doigts sur l'autre face et pressez ce qui se trouve dans la pince. Vous sentirez très bien le clitoris à travers les grandes lèvres, vous pourrez même le faire rouler entre vos doigts. Inutile de vous dire que votre aimée sera aux anges.

Si vous trouviez le bouton vraiment rebelle, vous pourriez utiliser un objet, voire un vibromasseur. Mais je suis sûr qu'avec beaucoup de patience, d'application, de subtilité, d'imagination, d'intuition, d'écoute, de compliments et de mots d'amours vous pouvez le séduire. L'important est de trouver ses points sensibles. Il vous faudra tâtonner, en vous fiant aux réactions de votre amante, voire à ses indications, car il y a bien longtemps qu'elle a repéré les points les plus excitants. Attention, ça se joue au millimètre près. Vous finirez par détecter le point le plus exquis, le gland : c'est cette petite boule que vous sentez rouler et dont le contact fait à présent tressaillir votre aimante. Alors prudence, n'allez pas tout de go le caresser directement « à nu » ; il est hypersensible, ça l'irriterait et même, ça pourrait être douloureux. Commencez par le caresser indirectement : passez sur le côté, dans le sillon entre sa capuche et la grande lèvre, à droite ou à gauche, de façon à l'aborder à travers cette capuche. Ou bien, allez sur la tige et stimulez-la à travers la muqueuse qui prolonge la capuche.

Vous pourrez, peut-être, caresser directement le gland, après quelque temps d'apprivoisement à condition d'être particulièrement subtil. Et si un jour il est de très bonne grâce, et vous très très subtil, vous pourrez retrousser la capuche et le titiller d'un doigt tellement fin qu'il serait capable de toucher une bulle de savon sans la faire éclater. Puis si vous avez réussi ce test, alors vous aurez le droit de le prendre entre pouce et index ou majeur et de le branler d'avant en arrière non comme un vulgaire pénis mais comme le plus précieux diamant vivant qui soit, c'est-à-dire, avec des doigts de prestidigitateur. Le résultat sera magique et à voir réagir votre aimée, vous vous demanderez si vous n'avez pas atterri dans le pays des mille et une nuits.

Quand vous aurez repéré le point le plus exquis, ne vous en écartez plus, maintenez le cap. Mais rien n'est encore gagné pour autant : moult questions se posant à vous.

Quel mouvement imprimer à vos doigts ? Le mouvement de mini-branlage que je vous ai enseigné ci-dessus n'est qu'une friandise à déguster avec modération. D'abord, vous ferez les grands classiques : mouvement de va-et-vient dans le sens de la fente vulvaire, c'est-à-dire de haut en bas et de bas en haut. L'amplitude de ces mouvements verticaux est de l'ordre de quatre millimètres environ. Autre classique : des mouvements de rotation autour du gland, la pulpe digitale glissant sur la tige au passage et la faisant rouler. Amplitude de ces petits cercles : quelques millimètres. Mais vous pouvez aussi commencer par un mouvement et poursuivre par l'autre. Et si vous inventez d'autres figures, c'est bien, à condition que vous sentiez que ça plaît. Ici aussi, chaque clitoris, chaque femme a ses préférences. Soyez attentif à ses réactions et à ses indications.

Quelle pression ? Commencez, je vous prie, par des pressions légères que vous accroîtrez progressivement jusqu'à les faire assez fortes. C'est plus qu'un frôlement, moins qu'un écrasement : un frottement appuyé et attentif qui exclut toute brutalité. En réalité, chaque clitoris a sa pression préférée, c'est la femme qui le sait et qui peut vous le dire, sinon, c'est à vous de sentir. À partir du moment où vous aurez trouvé la pression optimale, n'en variez plus.

Quelle vitesse ? Ici aussi, allez-y progressivement. Débutez lentement, puis accélérez graduellement jusqu'à aller assez vite mais pas trop vite, pas frénétiquement. Chaque clitoris a également ses préférences quant au tempo.

Combien de temps ? Le temps qu'il faut pour déclencher l'orgasme, 5 minutes, 30 minutes ou plus. Et quand survient l'explosion ? Surtout n'arrêtez pas, continuez à stimuler jusqu'à sa fin avec le même mouvement, la même pression, le même rythme ; une défaillance de votre part à ce moment ferait rater ou abrégerait l'orgasme. Quand celui-ci est achevé, maintenez votre main sur le clitoris mais sans plus bouger. Après un temps de repos qui est délicieux pour vous deux et où votre aimée s'apaise et flotte dans vos bras, essayez de sentir ce qu'elle souhaite : si elle est partante pour d'autres orgasmes, recommencez comme au début. Et ainsi de suite. Mais attention, plus il jouit, plus le clitoris est hypersensible et cette sensibilité peut persister un moment, donc ayez du doigté ou laissez passer un peu de temps.

Ici, il me faut vous rappeler un piège : juste avant que n'éclate l'orgasme, le gland se rétracte sous la capuche, votre doigt perd ses repères et vous voilà désorienté. Surtout ne suspendez pas votre caresse et ne déplacez pas votre doigt, poursuivez au jugé, continuez à faire ce que vous faisiez.

Une règle d'or : lorsque votre caresse est arrivée à un régime de croisière, c'est-à-dire, quand elle procure un plaisir optimum et croissant, ne changez plus rien à la position de votre doigt, ni à ses mouvements, ni à sa pression, ni à son tempo. Toute modification ou suspension romprait le charme et briserait l'envol ; il faudrait tout reprendre à zéro. Ce qui pourrait lasser votre partenaire. Constance et régularité sont les deux secrets des caresses clitoridiennes réussies.

Bien entendu, cette description est générale. Quand le destin met sur votre chemin une nouvelle partenaire, il vous faut oublier – en partie – ce qui était bon pour la précédente car la présente ne réagira pas de la même façon.

En réalité, ce qui est primordial c'est d'être attentif à l'autre. Trouver le bon point, le bon mouvement, la bonne pression, le bon rythme, est affaire d'écoute : tous vos sens doivent « écouter » car au début, quand se cherche le plaisir, tout est à peine perceptible. La pulpe de votre doigt doit être attentive à l'accroissement de la chaleur, au minigonflement, aux micro-vibrations de plaisir du clitoris, toute la surface de votre corps doit être sensible au moindre frémissement, à la moindre tension de votre aimée ; votre ouïe, bien sûr, doit enregistrer les moindres variations de son souffle, ses moindres murmures, ses moindres gémissements. Ensuite, quand les réactions de votre partenaire deviennent manifestes, voire violentes, il ne faut pas pour autant cesser d'être à l'écoute, afin de vous rendre compte si le cap est bon, si vous ne dépassez pas la limite du supportable. Sans doute, ce qui est délicat pour vous les hommes, c'est de discerner si les manifestations de la femme relèvent d'une jouissance ou d'une plainte ; la nuance est discrète entre un gémissement de bonheur et un gémissement de désagrément tant le clitoris est sensible. Aussi, je conseille aux femmes, quand l'homme est un peu malhabile, de le guider de la voix et de la main.

Les caresses préparatoires

Messieurs, n'abordez pas le clitoris sans l'avoir préparé par des caresses de tout le corps : ça l'excite, ça le met en turgescence, ça accroît sa capacité de plaisir, bref, ça le rend pétillant.

Alors, s'il vous plaît, caressez votre amoureuse, caressez-la sur toute la surface de son corps de la tête aux pieds et vice versa et recto verso. Offrez à son visage, à ses bras, à ses épaules, à son ventre, à ses flancs, à ses fesses, à ses cuisses, à ses mollets, à ses pieds, à son dos et j'en passe, toutes sortes d'effleurements avec la pulpe des doigts, de griffures légères avec les ongles, de pincements gentils, de pressions sympathiques, et autres caresses décrites dans *Le Traité des caresses*. Dès qu'un de ces sites frémit et s'horripile de joie, dès qu'un gémissement de bien-être s'élève de la bouche de votre aimée, revenez derechef sur ce site, reprenez encore cette caresse : c'est un filon de bonheur qu'il vous faut exploiter afin que votre partenaire en profite au mieux. Soyez sûr que c'est son souhait.

Après votre main, c'est au tour de votre bouche de parcourir le corps de votre aimée, de le parsemer de toutes sortes de baisers et de mini-morsures. Faites-le longuement, sans vous presser. Et n'oubliez pas les lèvres de celle que la chance vous a confiée : donnez-lui un long, un très long baiser, un chef-d'œuvre de baiser où se mêlent les souffles de vie, le nectar des salives et les battements du sang qui glisse, brûlant, à fleur de muqueuses.

Revenez alors au corps, mais cette fois pour vous concentrer sur ses zones les plus érogènes. Dans ce périple de tonalité nettement plus tropicale, les seins sont une étape magique : à peine effleurés, ils envoient au clitoris de si pressants messages qu'il marque quelques signes d'impatience que l'aimée traduit par quelques frottements instinctifs de son pubis sur votre cuisse. Mais, ne vous précipitez pas sur le bouton pour autant. Son attente est supplice mais heureux supplice. Faites encore, je vous prie, des tours et des détours dans les environs : sur le ventre de votre dame, sur son mont vénusien, sur ses cuisses.

Enfin, prenez hardiment sa vulve à pleine main. Comme elle est brûlante ! Comme sont mouillés les ourlets de sa fente ! Palpez-la avec ferveur, pressez-la avec dévotion, conscient des trésors qu'elle recèle. Que d'émotions ! Vous avez le sentiment de tenir ainsi toute la féminité du monde ; votre aimée, aussi émue, a l'impression d'être tenue tout entière dans votre main, elle qui est toutes les femmes du monde. Ne relâchez pas trop vite l'étreinte de votre main, dégustez-la ensemble, lentement, profondément, majestueusement.

Alors, subrepticement, détachez un doigt, le médius étant le plus apte. Qu'il se fraie habilement un chemin entre les valves de la vulve, qu'il creuse doucement le sillon féminin. Voici qu'il se brûle, voici qu'il fond tant est chaude et abondante la source. Il glisse vers l'arrière à hauteur du griffon vaginal puis revient en avant et tressaille à son contact, lui, le bouton, tandis que l'aimée expire un bref gémissement. Il passe et repasse sur le joyau, la femme halète. C'est alors qu'il vous faut pousser les vantaux des cuisses, afin que s'épanouisse la vulve et que votre main y évolue comme un poisson dans l'eau. Le moment est venu de vous rappeler la leçon de clitoris. Mais, pour faire de cette leçon basique une œuvre d'art, il faudra laisser aussi parler votre intuition, votre imagination, votre affection.

Les caresses associées

À la virtuosité de votre caresse clitoridienne, il est bon que vous associiez d'autres caresses qui, cette fois, ont mission d'accompagner la stimulation. Tout le corps peut être à nouveau câliné par la main libre ou par la bouche. Ici encore, les délicatesses offertes au sein et plus spécialement à son éminence mamelonnaire feront merveille.

Autre zone forte de même magnitude que le clitoris, le vagin sera sollicité soit par les doigts de la même main (par exemple, tandis que les grands doigts s'occupent du clitoris, le pouce prend place dans le réceptacle vaginal), soit par les doigts de la main libre. Quels que soient les doigts introduits, ils prodigueront au vagin d'appréciables réjouissances. Leur seule présence peut suffire mais ils peuvent aussi jouer une partition sur les touches sensibles de leur hôte : l'entrée, le point G, les culs-de-sac, le col ; mais, ils le feront piano, afin de ne pas ravir la vedette au clitoris. L'addition de deux stimulations puissantes fait monter le niveau général de la volupté, tout en majorant celle de chacun des sites par un effet interactif : le clitoris s'exalte de la caresse vaginale et le vagin tressaille de la caresse clitoridienne. D'ailleurs, on y reviendra, c'est par le truchement de la caresse clitoridienne que le vagin, endormi au fond de sa vallée pendant la première partie de la vie, s'éveille progressivement et s'érotise.

La marge de l'anus et le canal anal pourraient être également conviés aux ébats par un doigt de la main qui caresse le clitoris, au prix d'un grand écart. Il est plus commode de confier cette tâche à la main libre. Ici aussi, on assiste alors à la multiplication miraculeuse des bonheurs. Le doigt en mission pourrait se contenter d'occuper cette zone sensible. Il pourrait aussi y exercer quelques flatteries, mais qui seront modérées afin de ne pas détourner l'attention du bouton.

Que votre amoureuse vous guide !

Bien que souvent insatisfaites, les femmes, pour la plupart, n'osent pas demander à l'homme ce qu'elles souhaitent et lui expliquer comment il pourrait les exaucer. Alors, elles se résignent et se prêtent passivement à sa façon de faire pour leur plus grand malheur.

Pourquoi les femmes n'osent-elles pas exprimer leurs besoins et enseigner les gestes satisfaisants ? Parce qu'elles sont timides ou pudiques ou parce qu'elles craignent de passer pour des femmes exigeantes, égoïstes, imbues de leur personne, voire dominatrices, ou parce qu'elles ne veulent pas importuner leur partenaire, le vexer, le mettre en infériorité. Dans tous ces cas, ce qu'elles redoutent, c'est que l'homme se moque d'elles ou les rejette.

Pourtant, beaucoup d'hommes attendent que les femmes s'expriment.

La technique ne suffit pas

Aussi parfaite soit-elle sur le plan technique, votre caresse clitoridienne, Messieurs, ne comblera votre amante que si elle est inspirée par une profonde admiration de sa féminité et un amour fervent. Sinon, elle n'est qu'habile frottement, susceptible de lui procurer quelque « plaisir d'organe » mais non d'engendrer l'extase de son être.

Chapitre III

LE BAISER VULVAIRE OU CUNNILINGUS

Plutôt que « cunnilinctus », je préfère qu'on dise le « baiser vulvaire » ou mieux, « le baiser clitoridien ».

Quand l'homme offre ce baiser, 42 % des femmes obtiennent un orgasme, chiffre qui est proche des 45 % obtenus par la caresse digitale donnée par l'homme, mais loin des 95 % obtenus lorsque la femme s'autocaresse. Par conséquent, si l'homme améliorait sa connaissance de la femme, la quasi-totalité des femmes jouirait de l'acmé.

Un baiser extraordinaire

Le baiser clitoridien est la plus excitante et la plus somptueuse caresse qu'on puisse faire au clitoris, celle que les femmes apprécient le plus. C'est une caresse humide, voire aqueuse. Or c'est très souvent dans un milieu aquatique que la femme a révélé sa sexualité : c'est sous un jet d'eau, dans sa douche ou sa baignoire, qu'elle a joui au mieux pour la première fois. Doux, fluide et chaud, à l'instar de l'eau, le baiser clitoridien ne peut qu'émerveiller la vulve. La rencontre de la bouche et de la vulve, c'est la rencontre des deux fentes les plus humides du corps.

C'est aussi une caresse tendre et langoureuse. La chair qui donne le baiser est moelleuse et généreuse en sensations comme la chair qui le reçoit. Chacun sait bien à quel point la bouche possède une extrême sensualité qui n'est égalée que par le sexe. Ici, la bouche embrasse la vulve, autant que la vulve embrasse la bouche.

C'est enfin une caresse subtile : la pointe de la langue, par sa finesse, son habilité, sa précision, sa sensibilité, sa douceur, son humidité, sa chaleur, est l'agent idéal de la caresse du plus précieux, du plus sensible, du plus délicat et du plus petit des organes sensuels : le clitoris. Toutefois prenez garde que la pointe ne soit trop dure : ça irrite, ça n'excite pas. Les lèvres présentent les mêmes qualités que la langue et bien que charnues elles sont agiles : quand il s'agira de sucer, elles trouveront d'instinct le délicat mouvement de préhension jadis destiné au mamelon.

Servi par d'aussi talentueux organes, comment se fait-il que le baiser clitoridien ne propulse pas 100 % des femmes dans le ciel des lits ? Écoutons ce qu'elles déplorent : « *Les hommes sont trop pressés, ils lèchent cinq minutes et puis ils s'arrêtent. C'est frustrant. Il me faut du temps pour me mettre à l'aise, pour que je m'abandonne, que je laisse monter le plaisir. Mais je n'ose pas leur demander de continuer plus longtemps.* » Ce que souhaitent les femmes, c'est que les hommes prennent leur temps, que le baiser clitoridien se poursuive longtemps, « des heures », et qu'il ne soit pas forcément un prélude au coït. Elles veulent un, deux, dix orgasmes.

Écoutons encore les femmes : « *Le plus souvent les hommes s'y prennent mal, ils ne trouvent pas les points intéressants, leur langue est trop raide.* » Sans doute, ça irait mieux si la femme indiquait ce qui lui plaît, et guidait son compagnon.

Préparer le baiser clitoridien

Messieurs, je vous demande, ici encore, de ne pas sauter d'emblée sur le clitoris. Allez folâtrer sur l'immense étendue de la peau, mettez le corps en fête. Puis, par des échappées vers des sites plus sensibles, mettez-le en effervescence : le sein et son mamelon, les fesses, leur raie et le puits anal, la colline de Vénus et son incisure sont des points de vue remarquables qui vous réservent de fortes émotions. Que vos doigts agiles, que vos lèvres taquines volettent, effleurent, titillent, pinçotent, escaladent, se posent, glissent, s'insinuent, levant ici une volée de plaisir, provoquant là un intense remue-ménage. Alors, lorsque vous aborderez la vallée des merveilles, vous y serez accueillis avec faste.

Pour donner le baiser clitoridien, veillez à prendre une position confortable. Le mieux est que la femme soit couchée sur le dos, cuisses fléchies et écartées et que l'homme soit allongé sur le ventre, parallèlement à la femme (et non perpendiculairement), tête-bêche, le visage entre les cuisses de son adorée. Ne combinez pas ici le baiser clitoridien avec la fellation – pratique appelée 69. En effet, la femme qui s'occupe du sexe de l'homme ne peut se concentrer sur son plaisir clitoridien et l'homme, distrait par son plaisir pénien, ne peut se consacrer au baiser clitoridien.

Deux autres postures sont possibles : ou bien la femme est debout et l'homme à genoux le nez dans la vulve, posture très belle d'adoration, mais assez incommode. Ou bien, la femme est à cheval, jambes écartées sur l'homme couché, sa vulve ouverte étant à l'aplomb du visage masculin : il lui suffira d'abaisser son bassin pour lui offrir un des cadeaux les plus somptueux qu'une femme puisse faire.

Comme une mer intérieure

Revenez à la première posture : la femme dessous, plus confortable pour vous deux. Elle sera plus confortable pour l'homme si 1) il met un oreiller sous les fesses de la dame ; 2) il repose sa tête de temps en temps sur la cuisse de la dame. Pour le confort de l'aimée que l'homme se rase de près, la barbe qui pique les tendres muqueuses rend la caresse désagréable. Voilà comment je conçois l'événement : l'homme, reposant sur les coudes placés de part et d'autre des hanches, a le visage à la hauteur du mont de Vénus. Voilà qu'il penche la tête et pose un long baiser appuyé sur la toison : les crins crissent doucement sous les lèvres. Le geste est quasi religieux car il aborde ici le sanctuaire de la femme. Les narines plongées dans le pelage, il en hume profondément les senteurs sauvages. Une onde de frissons parcourt son échine. Le désir le partage à la piété. La femme est silencieuse, immobile. Émue, confiante, donnée elle retient son souffle. Et l'homme de prolonger son long baiser mêlé de murmures de bonheur et d'admiration. La femme sent son souffle chaud et les vibrations de ses murmures, elle tressaille.

Alors, l'homme avance sa tête vers les cuisses encore à demi-fermées : il les pousse de son front, mais elles ne s'ouvrent que d'un cran. Aussi, pose-t-il quelques baisers légers sur le haut de la vulve puis, collant sa bouche sur les soies, il souffle de l'air brûlant. « *S'il te plaît* », implore-t-il. Les cuisses s'ouvrent plus largement. L'homme contemple la vulve encore close et le pelage qui dévale ses crêtes. Il dépose un baiser révérencieux sur l'amorce de l'incisure, la pilosité chatouille ses lèvres et son visage et un bouquet d'arômes exotiques affole son odorat. « *Comme tu es belle, comme tu es délicieuse !* »

Maintenant, il frôle de plusieurs doigts duveteux la face interne des cuisses, là où la peau est si douce, si sensible. Son aimée frissonne. Puis, il insinue un doigt dans le sillon entre la cuisse et la vulve et l'y fait glisser lentement, c'est chaud, c'est moite, ça préfigure les joies des profondeurs. Il en fait autant dans l'autre sillon. Bientôt d'un doigt recueilli mais de désir impatient, il suit les bords toujours réunis de la fente, plus humides et plus chauds encore. Courbant un peu plus la tête, il pose ses lèvres en plein milieu de la vulve puis les presse avec ferveur. Son impatience grandit d'en voir plus et la femme sent qu'il est au bord de la dévoiler.

Alors, de ses coudes, il écarte fermement les cuisses féminines et de ses mains appliquées de chaque côté de la vulve, il tire vers l'extérieur les grandes lèvres. Un spectacle fabuleux s'offre à son regard émerveillé : sous ses yeux s'étale le delta d'un grand fleuve tropical qui aurait creusé son lit dans une tendre terre ocre. Dans l'air, traînent des relents de marais et des effluves marins. Enivré par le flux garance et ses fragrances, il hallucine. La voix de son aimée le ramène à la réalité : *« Tu m'aimes ? Est-ce que tu m'aimes ? »* Elle a besoin de cette ultime réassurance avant de le laisser entrer dans son dédale secret. *« Tu es si belle ! »*, répond l'homme.

Maintenant, il promène un doigt sur la face interne rebondie des grandes lèvres, impressionné on le comprend. La pulpe glisse plusieurs fois sur la muqueuse brillante de rosée ; rencontrant la dentelle des nymphes, elle les suit dans un sens puis dans l'autre, puis les soulève et refait le même trajet sous elles. Voilà cette pulpe qui descend dans le creux, là où l'eau est profonde et l'explore étonnée et recueillie. En arrière, elle est quasi aspirée dans le vestibule vaginal où la température est nettement torride ; en avant, elle rencontre l'éminence du clitoris, lisse comme une perle et dont le simple attouchement fait frémir la femme. Les yeux de l'homme n'ont cessé de contempler avidement la merveilleuse vallée et il se sent émerveillé de ce que ses doigts découvraient.

Alors, l'homme courbe plus encore la tête jusqu'à mettre son visage au contact de la vulve. Les arômes infusés par le désir envahissent à profusion ses narines et dans le même élan tout son être. Ses lèvres se posent au fond de la faille et embrassent au jugé ce qu'elles rencontrent. C'est une véritable plongée sous-marine que l'homme effectue tant l'eau abonde. D'instinct, sa langue sort de la bouche et se met à lécher ce qu'elle trouve sous elle, qui est onctueux, chaud, salé. Puis, elle se déplace vers les rebonds charnus des grandes lèvres, qu'elle suit d'abord d'une pointe légère et chatouillante, puis, de son plat, large et gourmand. Découvrant les nymphes, elle se remet sur sa pointe et redessine leurs dentelles, puis, par jeu les soulève délicatement. Mais, les hauts fonds où elle avait plongé d'emblée, l'attirant à nouveau, de toute sa longueur, elle s'enfonce dans le vestibule vaginal, en sonde les profondeurs et se met à les laper. Elle s'y abîmerait bien, mais on l'appelle de toutes parts : alors, elle fait une incursion du côté de la commissure postérieure, en arrière du vagin puis revient en avant, effleure le méat urinaire, glisse sur le bouton sans céder à ses implorations et va taquiner la commissure antérieure à l'aplomb du mont vénusien.

Toutes ces visites rendues, la langue pourrait enfin se consacrer au clitoris, le joyau des joyaux. Mais les lèvres réclament de faire à leur tour le même parcours. Alors, où la langue est passée, la bouche va repasser avec un appétit exacerbé. Les lèvres s'appliquent sur la rondeur gorgée de suc des grandes lèvres, y appuyant un baiser. Les dents s'agacent, elles croqueraient bien cette belle chair. Mais, c'est la bouche tout entière, avide, qui s'empare du fruit ; en un instant, la grande lèvre est aspirée entre langue et palais, sucée, pressée, tâtée et même mâchouillée par des dents aussi précautionneuses que l'araignée d'eau l'est avec sa bulle d'air. Dévoration. Dévotion. La femme frémit, elle a confiance mais sait-on jamais, l'homme paraît si gourmand. Elle frémit aussi de plaisir et de joie : voilà qu'est reconnue l'irrésistible saveur de son sexe.

Tout au long de leurs pérégrinations, langue et lèvres ont pu goûter et déguster de-ci de-là toute la palette des saveurs du sexe féminin. Quant aux narines, elles n'ont rien perdu de la multitude des arômes qui s'exhalaient.

Enfin, l'heure du clitoris est venue ; il est temps car l'attente joyeuse se fait supplice.

Le feu dans l'eau

La langue, nous l'avons vu, est faite pour le clitoris. Commencez par le lécher d'une large langue – mais pas trop large : le quart de sa surface antérieure – avec application et lenteur. Cette caresse flatte tout à la fois le gland, la capuche, la tige et leurs alentours. Faites-le avec appétit et tendresse. Puis, affinez votre langue en n'utilisant plus que sa pointe, mais ne la portez pas d'emblée directement sur le gland trop sensible, il ne le supporterait pas. Glissez-la plutôt sur le côté, dans le sillon entre la capuche et les grandes lèvres et faites-la aller et venir de bas en haut et de haut en bas ; faites de même dans le sillon du côté opposé. Vous pourriez aussi faire tourner votre pointe de langue autour du gland, elle décrirait de petits cercles passant dans le sillon droit, puis au-dessus de la capuche, puis dans le sillon gauche, puis sous le gland.

Apprivoisé, le gland peut alors recevoir une caresse directe, à condition que vous assouplissiez votre langue, qu'elle cesse d'être dure et pointue. Alors, vous pourrez titiller la petite sphère, un peu comme vous le feriez d'un mamelon, mais avec plus de finesse encore : une amplitude moindre, une intensité réduite. Vous pourriez aussi, de l'extrême pointe de la langue, soulever le capuchon et titiller dessous, mais soyez infiniment circonspect, vous manipulez le détonateur d'une bombe. De même si vous la passez sous le gland, à l'attache des deux freins : ces points « F » (comme frein) sont le nec plus ultra de la caresse linguale du clitoris. Pour orfèvre.

Vos lèvres s'impatientent, il leur faut entrer en lice. Déjà elles prennent le bouton doucement entre elles, le happent, l'aspirent, le sucent, le tètent. C'est un mouvement qu'elles savent faire, un enfant sommeillant en tout homme, mais qu'elles le fassent avec la plus extrême subtilité. Et si votre aimée le supporte, essayez même de saisir doucement le clitoris entre langue et palais et de le mâchouiller. Il n'est rien de plus troublant pour un homme que jouer aussi finement avec un organe aussi fin. Quant à votre amoureuse, éberluée, elle n'a jamais éprouvé de plaisirs si aigus, si exquis. Cependant, n'insistez pas, ne visez pas encore son orgasme. Continuez d'explorer toutes ses possibilités de volupté. Portez maintenant votre langue sur la tige et vous y découvrirez deux points de vue remarquables : les points K (comme Kivin), deux points jumeaux, à 4 mm au dessus de la capuche et le point T (comme Tige) en haut de la tige, juste sous le pubis. Sur l'un et sur l'autre passez la pointe de la langue en va-et-vient en travers de l'axe du clitoris. S'il fallait mettre des étoiles aux caresses, celle-ci en auraient trois. L'inventaire étant fait, vous pouvez jouer à passer d'un point à un autre jusqu'au moment où vous sentirez que votre amante est au mieux de l'excitation et prête à décoller.

Alors, choisissez l'endroit qui s'est révélé le plus sensible – et supportable – et entreprenez une stimulation qu'il vous faudra conduire jusqu'à l'orgasme. Le plus souvent c'est la succion – tètement du clitoris – qui donne les orgasmes les plus rapides et les plus forts. Le délai peut être court ou très long. Dans ce dernier cas, il vous faut poursuivre sans défaillance votre baiser. Qu'importe l'irritation de la pointe de votre langue, les crampes de votre gorge, la tension de votre cou (la prochaine fois vous vous placerez mieux). Tenez 5, 10, 20 minutes ou plus. Et observez la très impérative règle de la constance exposée dans la caresse digitale : une fois trouvé le bon point qui, ici, est d'une précision millimétrique, la bonne pression, le bon mouvement, le bon rythme, ne changez plus rien, n'arrêtez sous aucun prétexte, ne serait-ce qu'une fraction de seconde. Toute rupture d'un des paramètres risquerait de faire retomber l'excitation de votre aimée et il faudrait reprendre la partition à son début. Par contre, quand vous sentirez monter crescendo son plaisir – ses gémissements et ses mouvements croissent, sa respiration s'accélère – vous pourrez augmenter la vitesse de votre stimulation et parallèlement renforcer la pression.

Soudain, son corps s'immobilise, se tend, sa respiration se suspend, ses chants sont retenus et aussitôt un cri fuse de sa gorge, tandis que son corps se tend ou même s'arc-boute. D'autres cris s'enchaînent, accompagnés de secousses corporelles au rythme des battements du plaisir. Ne vous laissez pas surprendre par l'explosion, ne cessez pas, pas un instant, votre baiser. Maintenez à tout prix le contact avec votre langue et le bouton, continuez ce que vous faisiez tel que vous le faisiez. Quelles que soient les gesticulations de votre aimée, gardez votre visage entre ses cuisses et votre bouche collée à sa vulve. Le mieux est d'étreindre son bassin de vos bras, ainsi solidarisé à elle, votre tête peut suivre ses mouvements sans risquer de s'en détacher. Pour votre aimée, c'est l'heure de l'extase. Pour vous, c'est l'heure de gloire et d'un très grand bonheur : à votre bouche par la magie de la pointe de votre langue jouant sur cette minuscule et mirifique perle, la femme a joui à en perdre la tête, la femme a jailli dans les étoiles. Si elle est femme-fontaine, elle vous a inondé de son eau chaude. Alors, son amour pour vous est décuplé, sa gratitude infinie et votre complicité plus grande encore.

Voilà que votre amoureuse s'apaise, ses cris cessent, son corps retombe, sa respiration haletante se ralentit, vous pouvez arrêter votre baiser. Il le faut même car le clitoris est tellement à vif qu'il ne supporte plus le moindre contact.

Laissez votre aimée se détendre, vous-même reposez-vous, la tête sur son ventre, à la limite de la toison, un bras enlaçant son bassin. Votre respiration devient synchrone de la sienne. Cherchez sa main, justement elle vient à la rencontre de la votre ; serrez-la. Dans un chuchotement, dites-lui : « *Merci* » « *Je t'aime* » ou « *Je t'adore* ». Et elle, dans un souffle, vous répondra qu'elle aussi. Et de son autre main, elle vous caressera le visage et la tête.

Après quelque temps, placez à nouveau votre visage entre les cuisses chéries. Si vous sentez que votre aimée souhaite d'autres bonheurs suprêmes ou mieux, si elle vous le demande, reprenez votre stimulation selon les mêmes modalités qui ont si bien réussi. Si elle le désire, vous pourrez lui offrir plusieurs séquences orgasmiques, puisque, vous le savez, la femme détient cette extraordinaire capacité. Inversement, si vous percevez que la femme ne désire pas d'autres rebonds, ou si elle vous l'exprime, vous lui donnez un grand baiser d'au revoir pour remercier sa vulve et l'apaiser.

Voici en quoi consiste le grand baiser : plongez l'ensemble de votre visage – menton, bouche, nez, yeux, front – dans la vallée féminine puis promenez-le de bas en haut et réciproquement. Appuyez votre menton en haut, poussez votre front en bas, au milieu, frottez votre nez et faites barboter votre bouche avec des chuintements mouillés et des mots d'admiration et de régal. Terminez cet hommage par de larges lapements étendus du pubis à l'entrée du vagin. Refermez la vulve puis les cuisses, posez un baiser sur la toison. Allez étreindre votre aimée et embrasser sa bouche…

Sublime offrande

Il est une autre position qui permet le « *cunni* » : l'homme étant allongé sur le dos, la femme se place au-dessus de lui – de son visage – jambes écartées.

Ce soir-là, elle avait demandé à son amant de s'allonger sur le dos et enjambant son bassin, elle le chevaucha, cuisses écartées, genoux sur le lit. Il croyait qu'elle voulait le prendre en position d'Andromaque, mais elle s'était assise sur le pubis de l'homme et ne bougeait plus ; un sourire coquin égayait son visage.

Il se demandait ce qu'elle pouvait bien préparer lorsqu'elle se redressa et s'avança pour se poser maintenant sur le ventre mâle. Il sentit sur sa peau le contact tendre, humide et chaud de la vulve et en fut fort troublé. Les yeux plus pétillants encore, elle écarta de sa main ses grandes lèvres, ajusta la fente sur le ventre de l'homme et l'y frotta. Le trouble de l'homme se fit bouleversement. Ensuite elle se remonta vers le thorax masculin, y appliqua sa vulve et l'y frotta aussi.

Alors une idée traversa l'homme – était-ce la même que l'aimée avait en tête ? – : il appliqua ses mains sur ses fesses, les empauma impérieusement et les tira vers le haut pour amener la vulve à la verticale de son visage. Par un retour de pudeur, elle tenta de résister, mais ne le put. « *Écarte bien, mon amour* », chuchota l'amant. Alors se plaçant tout à fait au-dessus de lui, d'un geste fastueux, elle ouvrit largement sa corolle et lui offrit. À ses yeux apparut le plus émouvant tableau qu'un homme puisse contempler. C'est opulent, luxuriant, et exubérant. C'est de tous les roses, de tous les rouges. Ça ruisselle et ça brille de toute son eau. C'est moite, c'est tropical, c'est amazonien. Ça fleure bon le santal ici, le varech là. Il était fasciné et ne put retenir un « *Je t'aime Amour d'Amour* ! ».

N'y tenant plus, l'homme de ses mains autoritaires posées sur les hanches féminines tire vers sa bouche la sanguine corolle. Maintenant l'aimée ne résiste pas. En un instant le creux de la fleur est sur les lèvres mâles qui l'embrassent, l'aspirent, la sucent tandis que la langue lance des sorties tous azimuts, lèche ce qui est à sa portée. La femme bouge légèrement d'avant en arrière et réciproquement pour donner chacun de ses pétales à la bouche gourmande et y frotter son bouton. Justement là devant, la bouche a senti le petit relief induré du clitoris. Aussitôt la langue le taquine de sa pointe, le titille, le piquetille.

La femme gigote et gémit et tente de se retirer tant c'est fort. L'homme la ramène à sa bouche. Ce sont ses lèvres maintenant qui s'emparent du bouton, le sucent, l'aspirent, le tètent, le plaisir est extrême. C'en est trop, c'est presque douloureux. La femme se retire carrément. L'homme la ramène fermement et la maintient ; mais il est plus doux avec le clitoris pour rendre le plaisir supportable et mener l'aimée aux cimes de la volupté, ce qui ne tarde guère.

Soudain la femme, dont les psalmodies allaient croissant, s'immobilise, se raidit et pousse un cri strident comme si son corps explosait, son âme se déchirait. Aussitôt un flot brûlant jaillit du sexe féminin et inonda le visage de l'homme, sa bouche, ses narines, ses yeux. Goût de sel, odeur de mer. Bonheur ineffable. Gratitude infinie.

Prendre les seins de la femme à pleines mains, par ses seins la contraindre à donner encore une fois sa vulve pour y noyer son visage, la laper largement. Et connaître la béatitude des jours sans âge.

(Détails pratiques : pour plus de confort la femme se tiendra à la tête du lit, l'homme placera deux coussins sous sa tête).

Et toujours les caresses d'accompagnement

Ici aussi, je vous demande de bien vouloir accompagner le baiser clitoridien de caresses envers d'autres sites : elles renforcent le plaisir premier et elles feront participer tout le corps à la volupté.

Tandis que vous donnez le baiser, Messieurs, laissez votre main libre aller caresser le visage de l'aimée ou flatter ses flancs ou ses fesses ou tenir ses genoux ou ses pieds ou prendre sa main. Mais quand l'envie vous prendra d'atteindre un site plus chaud, ne vous retenez plus et laissez votre paume prendre un sein et vos phalanges taquiner le mamelon. Excellente association, vous le savez, en vertu de l'interaction érotique directe entre les deux sites. Mais, il y a plus : pincer et tirer les tétons entre le pouce et l'index tandis que les lèvres saisissent et tètent le clitoris, constitue une figure érotique surprenante ou l'inversion des pôles a de quoi faire monter de plusieurs degrés l'excitation et le bonheur des amoureux.

Bientôt, le désir vous vient à la main d'un accompagnement plus torride encore, comme d'introduire un ou deux grands doigts – deux c'est plus comblant – dans le vagin de l'aimée ou le pouce. N'y résistez pas ! Ces doigts pourront rester immobiles ce qui suffira déjà à émouvoir considérablement votre partenaire. Ils pourront aussi être actifs : caresser la muqueuse vaginale, s'y focaliser sur le point G, ou C, taquiner le col jusqu'à faire bouger l'utérus. Alors, vous verrez votre aimée hissée à un optimum de volupté, d'où elle ne tardera pas à être propulsée dans le bonheur suprême.

Un autre jour, votre main pourra préférer visiter l'astre anal de cette femme qui vous aime tant. Un de vos doigts y procurera quelques réjouissances qui s'ajouteront au plaisir en cours et pourquoi pas votre langue. Il en résultera aussi une complicité plus grande entre vous.

Pour le baiser clitoridien comme pour toutes les caresses du clitoris, soyez en permanence attentif aux réactions et aux indications de votre amoureuse. Souvenez-vous aussi que chaque femme a ses préférences et que vous ne pouvez transposer ce que vous avez appris avec une femme, à une autre femme.

Je dis aux femmes : Mesdames, ne soyez pas plus passives dans cet échange que dans d'autres. Participez, dites précisément ce qui est bien ou moins bien pour vous, bougez votre bassin pour aider au confort de votre aimé ou pour amener vos zones les plus sensibles sur sa bouche ou sur sa langue, et n'hésitez pas à vous caresser le ventre, les seins, etc.

Le beau sexe

Malgré les délices que leur procure le baiser clitoridien, beaucoup de femmes gardent des réticences à son égard. Ce qui les retient n'est pas tant une pudeur morale qu'une gêne liée à des millénaires de dévalorisation de leur sexe.

Les mâles grecs n'avaient que mépris pour cet endroit – comme pour la femme du reste. Ces fondateurs de la civilisation phallocratique y fantasmaient quantité de dangers, comme d'y sombrer sans retour ou d'y blesser leur précieux phallus (mythe du *vagina dentata*).

Les Pères de l'Église ont relayé ce phallocentrisme et ont fait du sexe de la femme la source du « *péché originel* » et le siège du péché de chair. Pour eux, le sexe de la femme était « *la porte de Satan* », ils le prétendaient laid et sale. Ainsi fut inculqué aux femmes la répugnance et la honte d'elles-mêmes. Elles en gardent des traces : elles ont peur en donnant à voir leur sexe de révéler quelque chose de « *pas beau* », de « *sentir mauvais* », « *d'avoir mauvais goût* » et, in fine, de dégoûter les hommes.

Bien entendu, le sexe de la femme n'a aucun de ces travers. La beauté de son graphisme n'a d'égale que la bonté de ses arômes et de ses saveurs.

En réalité, la répulsion de l'homme est à mettre sur le compte de la mâle-peur, de cette peur fondamentale que l'homme éprouve vis-à-vis de la femme depuis l'aube de l'humanité[1].

Écoutons ce que disent les femmes actuelles du baiser clitoridien : « *C'est pas avec un mec d'un jour qu'on fait ça,* dit une femme, *il faut trop s'abandonner – c'est plus intime qu'une pénétration.* » « *Je n'accepte le cunni,* déclare une autre, *que si l'homme dit que mon sexe est beau, que je sens bon, que j'ai bon goût.* » « *Il faut qu'il m'aime*», ajoute une autre. Il est évident qu'une femme ne peut se donner de cette façon que si elle se sent appréciée. Dites-lui donc votre admiration et votre plaisir.

Qu'en pensent les hommes ? « *Les formes de son sexe, son parfum, son goût, c'est super-excitant. Et c'est fabuleux qu'une femme m'offre tout ça et super fabuleux qu'elle jouisse dans ma bouche*» dit un homme.

---

1. Voir *Sexualité : la voie sacrée* et *De la peur à l'amour*

Le seul inconvénient réel du baiser clitoridien, c'est de donner parfois à la femme l'impression que son homme est loin d'elle, qu'il est hors de portée de ses mains. Elle parle même d'un sentiment de solitude, ce qui est quand même le comble puisqu'elle est complètement à lui et lui en elle. « *Je le sens loin,* dit l'une d'elle, *je ne peux pas le caresser, je me sens un peu seule.* » Ne dites pas, Messieurs, que les femmes « *c'est compliqué* ». Cherchez plutôt ce qui a pu décevoir votre partenaire : votre corps qui était perpendiculaire au sien, au lieu d'être tout contre, votre main libre qui n'a pas caressé son visage ou ses seins ou ses flancs, ou qui n'a pas cherché et pressé sa main, votre bouche qui n'a pas émis des « *huuum* » de délices en la dégustant et surtout qui n'a pas dit « *Je t'aime et je t'adore* ».

Ce qui le rend délicieux

Le vertige qui saisit la femme et l'homme dans le baiser clitoridien est lié pour partie aux odeurs qui enveloppent les amants. Elles vont émouvoir le centre de la mémoire et le centre des émotions (le système limbique) et le centre de la pulsion sexuelle (l'hypothalamus).

C'est bien l'archaïque instinct animal qui ressurgit lorsque les fauves odeurs du pelage de la fente féminine atteignent l'homme, font grincer ses dents d'appétit, font dresser son pénis. La femme, à son tour, est traversée par cette résurgence de l'instinct : les odeurs, elle les perçoit montant de son propre sexe et imprégnant l'homme, sa main qui la caresse, son visage qui l'embrasse, elle en est très excitée. Tous deux baignent dans ces effluves animaux et le désir qu'ils engendrent.

Les émotions olfactives relèvent aussi d'une nostalgie. Au cours du baiser clitoridien, ce sont des effluves marins qui apparaissent et rappellent aux amants leur vie intra-utérine où ils étaient heureux comme des poissons dans l'eau. Et rappellent aussi le corps de la mère dont il a partagé les fragrances pendant l'enfance pour son plus grand bonheur.

Pour la femme qui offre sans limite le cœur de son être intime, pour l'homme qui place son visage en ce lieu, le baiser vulvaire a une profonde valeur symbolique. Par son offrande, la femme témoigne de sa totale confiance en l'homme élu, et elle lui donne la plus haute preuve de l'amour qu'elle a pour lui. Par sa façon d'être, l'homme montrera à la femme qu'il l'aime totalement, jusqu'à ses profondeurs, qu'il trouve belles et bonnes. Du coup, la femme achèvera de se réconcilier avec son sexe.

Au total, un cunni bien réalisé constitue la façon la plus efficace de procurer un orgasme et un orgasme fort.

Quand le pénis taquine le clitoris

Le pénis gambadant à l'orée de la vulve peut amuser le clitoris si l'homme (ou la femme) le prenant entre ses doigts en frotte le gland sur le rubis, jeu tout à fait charmant mais bien incapable d'éveiller quelques sensations irrésistibles.

Par contre le pénis engagé dans un coït peut parfois stimuler valablement le clitoris jusqu'à l'ébahir.

Premier mode : le pénis stimule directement le clitoris. Au cours de ses va-et-vient, la base du pénis côté dos frotte et presse le bouton (sans doute plus la tige que le gland) tant et si bien qu'il peut provoquer l'orgasme. Ce frottement, la femme peut le favoriser en déplaçant son bassin de façon à mettre son cher clitoris en contact avec le dos pénien. C'est pour elle une façon de participer activement à l'éclosion de son propre plaisir. La position du missionnaire – femme allongée sous l'homme, les deux corps s'étreignant, permet ce frottement du pénis sur le clitoris. Mais la position la plus favorable est celle d'Andromaque – femme assise à cheval sur l'homme – car, en se penchant et en collant son ventre sur celui de son mâle, la femme applique son clitoris sur le dos du pénis.

À mon avis, le frottement de la verge et a fortiori sa pression sur le clitoris ne peuvent qu'être discrets, voire inexistants, en raison de l'angle selon lequel le membre masculin aborde le vagin. Cette incidence fait passer le pénis à distance de lui. L'excitation est trop discrète pour déclencher un orgasme. C'est sans doute pourquoi les Anciens chinois avaient inventé un anneau en ivoire qu'ils plaçaient à la base de la verge. Cet anneau était orné de dragons en relief dont les saillies prononcées avaient mission de caresser le clitoris. Il comportait deux trous dans lesquels était passée une bandelette de soie qui ceinturait la taille et se nouait dans le dos afin de maintenir la bague en place.

Toutefois, il doit exister des configurations anatomiques qui se prêtent plus particulièrement aux contacts entre pénis et clitoris : une certaine forme de pubis masculin ou une conformation vulvaire où le clitoris est plus proche du vagin. Heureux mortels dont les corps s'adaptent si bien qu'ils sont faits pour s'entendre ; mais même dans ces cas, la volupté ne survient qu'après une stimulation prolongée selon un rythme régulier et soutenu.

Deuxième mode : c'est le pubis masculin associé au pénis qui stimule la vulve dans son ensemble. Le frottement et la pression sont exercés autant par le pubis que par le pénis sur toute la zone vulvaire, qui, vous le savez, est bourrée de tissus érectiles (le système clitoridien et ses trois parties – tige, gland, racines – les bulbes vestibulaires et les réseaux les reliant), ce qui déclenche l'orgasme. En bougeant, la femme arrive à assurer le meilleur contact entre sa vulve et le pubis de son amant. Ici, les bonnes positions sont, d'une part, la position « fleur de Vénus » : la femme est couchée sur le dos, cuisses écartées, l'homme est à genoux entre celles-ci ; la femme lève les jambes et les place autour des reins de l'homme ou même sur ses épaules, ce qui expose et fait ressortir sa vulve ; reste à faire un petit mouvement de l'un vers l'autre et la vulve et le pubis masculin s'ajusteront au plus près. D'autre part, la position d'Andromaque : elle permet à la femme de bouger facilement et de mettre sa vulve en parfaite osmose avec le pubis mâle.

Mon opinion : même constatation que précédemment, hormis des configurations anatomiques propices, cette excitation reste trop légère pour engendrer l'orgasme. Mais ces deux réserves ne doivent pas empêcher les hommes qui sentent le clitoris se présenter sous un bon angle de tenter de « l'écraser » sous la racine de leur verge ou sous leur pubis et les femmes de tendre vers eux leur terrible bouton. C'est le cas de la position du missionnaire classique, l'homme étant au-dessus de la femme écartant généreusement les cuisses : son pénis étant serti dans le vagin, le mâle s'avance de 5 cm, son pubis contre le pubis féminin, c'est alors que la base de sa verge risque de contacter la divine sonnette. Tout corps à corps est source de bonheur.

En tout cas on peut définitivement éliminer l'affirmation de Masters selon laquelle le pénis excite le clitoris en tirant lors de ses mouvements sur les nymphes et la capuche ; les nymphes étant détendues et élastiques, c'est impossible.

La main comme alliée

Pour obtenir un orgasme clitoridien au cours du coït, le plus sûr est d'y mettre la main. Ce peut être la main de la femme elle-même qui, soit excite directement son bouton, soit tente de l'exciter en appuyant la base de la verge (introduite dans le vagin) sur lui. Ce peut être aussi la main de l'homme qui s'en va le titiller. La position du missionnaire n'est pas ici la plus propice, car il n'est pas commode de glisser une main, celle de la femme comme celle de l'homme, entre les deux corps superposés. D'autres positions s'y prêtent mieux : la position de « fleur de Vénus » (femme allongée sur le dos, homme à genoux entre ses cuisses), celle d'Andromaque et celle de la lionne.

Même si le clitoris ne déclenche pas directement l'orgasme au cours du coït, il y joue néanmoins un rôle majeur en préparant le vagin à jouir. Sa stimulation, quel qu'en soit le mode, a fortiori quand elle a procuré un ou plusieurs orgasmes clitoridiens, crée et accroît la faim du vagin, c'est-à-dire le désir qu'il a d'être pénétré, sa lubrification et son intumescence. Celle-ci va augmenter considérablement la sensibilité du fourreau vaginal et la porter au point critique. Le clitoris est le tison du vagin, il le porte au rouge et le chauffe à blanc.

Vous avez remarqué le rôle actif de la femme dans ces situations : elle ne se contente pas d'attendre que le plaisir lui tombe de l'homme, elle contribue à sa recherche en poussant son clitoris vers le pénis ou vers le pubis de son partenaire (ce qui du reste est un geste instinctif qu'elle ose libérer) ou en tendant la main vers son propre bouton. S'il le faut, elle guide son homme, ou même lui demande ce dont elle a envie.

Chapitre IV

DE L'ÉROTISATION À L'ORGASME VAGINAL

MIEUX CONNAÎTRE LE VAGIN

Trop de femmes confient ne rien sentir et s'ennuyer lors du coït. De fait, les statistiques confirment qu'une grande majorité de femmes n'obtiennent pas d'orgasme par pénétration du pénis dans leur vagin – 70 % si on fait une moyenne de plusieurs enquêtes –, cette estimation est toutefois à affiner ; il faudrait tenir compte de l'âge de la femme, de son ancienneté dans la carrière sexuelle, du nombre de ses partenaires, etc. En effet, nous verrons que si en début de vie sexuelle le vagin somnole, il s'éveille ensuite progressivement pour atteindre sa maturité vers 30-35 ans, voire plus.

Pourtant, le vagin est pourvu de tout ce qu'il faut pour procurer du plaisir et le plus grand des plaisirs ! Il nous faut donc comprendre pourquoi ces potentialités sommeillent et trouver les moyens de les épanouir.

Une richesse érotique fabuleuse

Luxuriants sont ses tissus érectiles, généreuse sa sensibilité.

Le vagin est constitué de trois gaines concentriques. L'une, profonde, est faite de fibres musculaires, circulaires et longitudinales ; la deuxième, intermédiaire, faite de tissus érectiles, dont nous savons qu'elles sont des éponges vasculaires capables de se gorger de sang ; et la troisième, en surface, faite d'une muqueuse. Le manchon musculaire va permettre au vagin de se resserrer ou de se dilater, faisant de la cavité vaginale quelque chose de vivant, ayant sa propre vie. Le manchon érectile va permettre au vagin d'entrer en turgescence, sorte d'« érection interne » dont le volume n'a rien à envier à celui de l'homme. Quant à la muqueuse, elle porte une multitude de capteurs sensitifs qui, par endroits, se concentrent en « points » ou « zones » érotiques.

La sensibilité du vagin est de deux sortes.

1. **La sensibilité interne ou intéroceptive** qui est celle des deux gaines les plus profondes : la musculeuse et la vasculaire. La sensibilité de la gaine

musculeuse perçoit les contractions et les relâchements des fibres musculaires lisses, activités qui sont sources de sensations agréables. La sensibilité de la gaine érectile perçoit leur engorgement qui en soi est voluptueux.

2. **La sensibilité externe ou extéroceptive** qui est celle de la troisième gaine c'est-à-dire du revêtement muqueux. Elle porte en surface des corpuscules, les uns sensibles aux contacts, les autres au chaud, ou au froid ou à la douleur. Certes les corpuscules ne sont pas nombreux mais ce n'est pas une raison pour affirmer que le vagin est insensible comme on l'a longtemps prétendu. Il est vrai que son exquise sensibilité, le vagin ne la révèle qu'après une longue mise en condition faite d'excitations diverses : caresse de toute la peau de l'aimée, stimulation du clitoris, et enfin excitation directe du vagin (par caresse digitale ou action du pénis). Il est vrai aussi que le vagin ne possède pas de corpuscules de volupté de Krause : c'est le privilège des glands (gland du pénis, gland du clitoris). Par contre les corpuscules sensibles et les tissus érectiles s'y concentrent en certains points particulièrement érogènes qui seront décrits ultérieurement.

La présence de ces points ne doit pas inciter les hommes à faire du « presse-bouton ». Toujours, Messieurs, conduisez-vous en orpailleurs, en chercheurs de diamants.

Comment naît le plaisir vaginal ?

Trois sortes de sensations contribuent à déclencher l'orgasme.

Le contact

C'est le frottement du pénis, de son gland précisément sur la muqueuse vaginale. Le gland s'y prête admirablement car il est à la fois ferme et doux comme du velours ; de plus sa base est renflée et saillante – la couronne – ; cette saillie circulaire correspond aux stries de la muqueuse vaginale ; ainsi le rebord mâle cascade sur les replis femelles pour le plus grand bonheur des amoureux. Ce type d'excitation relève de la sensibilité extéroceptive.

Faute de pénis ou par jeu ou pour s'entraîner, le vagin peut être contacté par d'autres acteurs.

- **Les doigts** : un ou deux suffisent ici pour réaliser la caresse, ceux de la dame elle-même qui se masturbe ou ceux de l'homme.
- **Un objet** : manches de couverts, bougies, légumes ou fruits péniformes.
- **Un accessoire érotique** (vibro, gode) manié par la dame elle-même ou son troubadour. Bien entendu les doigts sont les plus aptes à cibler les « points » érotiques.

La réplétion

C'est le « remplissage » de la cavité vaginale par le pénis. Ce qui compte ici, c'est plus le diamètre de l'organe mâle que sa longueur. Ce diamètre provoque une dilatation de la cavité vaginale et donc une distension des gaines musculeuses et vasculaires, et par conséquent une sollicitation des capteurs sensitifs des fibres musculaires lisses et des vaisseaux. Ce type d'excitation concerne la sensibilité intéroceptive. Ce sont les femmes au vagin éveillé qui sont les plus sensibles à la réplétion.

Pour obtenir une réplétion avec les doigts – ceux de la femme elle-même ou ceux de son amoureux – il faut associer plusieurs doigts, voire mettre le poing. De même les objets et les jouets doivent avoir un certain volume.

Le heurt des parois vaginales

C'est la percussion du vagin par le pénis, particulièrement efficace si elle atteint un des points érotiques ou le fond de la cavité vaginale où se trouvent le col et les culs-de-sac vaginaux. Spontanément le gland va buter dans le cul-de-sac postérieur, particulièrement sensible.

De cette description ne concluez pas qu'il faut à l'homme un pénis spécialement long pour régaler Madame car la nature a fait le vagin plus court que la verge : le col est à 6 cm de l'entrée vaginale, le cul-de-sac postérieur à 8 cm ; même si on ajoute un allongement du vagin de 2 cm par excitation, il reste encore de la marge pour la quasi-totalité des pénis (longueur moyenne en érection : entre 13 et 15 cm).

Faut-il l'avoir gros ? Ce qui importe c'est la « congruence » c'est-à-dire l'ajustement au plus près entre le pénis et la cavité vaginale, ce que vous pouvez réaliser de deux façons :

1) en prolongeant la durée des préliminaires puis du coït : la turgescence du pénis et du vagin fera alors gonfler au maximum l'un et l'autre et les fera rentrer en coalescence ;

2) en demandant à la femme de travailler sur les muscles qui entourent le bas vagin – les fameux pubo-coccygiens – de manière à les resserrer autour de la verge.

Sachez enfin, Monsieur, qu'il faut apprendre à « viser » afin de contacter ou heurter les différents points érotiques : il faut pour cela varier l'angle de pénétration de votre pénis et sa profondeur tout en visualisant la situation de ces points. Quant à Madame, c'est en bougeant et orientant son bassin de différentes façons qu'elle pourra présenter au gland ami les diverses facettes de sa précieuse caverne.

En plus du vagin, la réception du pénis par la femme met en jeu tout son pelvis et son abdomen : sont ébranlés la vessie, l'urètre, le rectum, l'utérus, les ovaires, les trompes, tous organes pourvus d'une viscéro-sensibilité et donc sources de sensations qui contribuent aux plaisirs propres à la femme, lui donnent cette impression de profondeur et d'extension, en un mot de totalité. La femme fait l'amour avec tout son ventre.

Les réponses du corps à la stimulation vaginale

L'intumescence

Les tissus érectiles qui forment la seconde gaine autour de la cavité vaginale se gorgent de sang. Le vagin devient une sorte de pénis creux aussi volumineux que celui-ci. Si le désir crée bien la turgescence, celle-ci crée en retour un désir plus grand : de même que l'homme se réjouit et se sent plein de vie et d'appétit en percevant sa verge tendue de sang, la femme exulte et se sent vivante et affamée en percevant son vagin pulsant de sang.

En plus l'intumescence de la femme persiste longtemps – 30 minutes au moins – après l'orgasme, alors que l'homme entre aussitôt dans la phase réfractaire et perd sa turgescence en quelques minutes. C'est pourquoi la femme reste en désir et peut renouveler ses orgasmes si elle le veut. Virtuellement elle n'a pas de limite. Ce qui ne veut pas dire qu'elle est insatiable ou prête à réaliser des performances parce que c'est dans l'air du temps. La plupart des femmes s'affirment parfaitement heureuses avec 2 ou 3 orgasmes. Beaucoup se déclarent comblées avec un seul. C'est que joue ici la qualité de l'orgasme.

La lubrification

La paroi vaginale est généreuse, nous le savons ; elle pleure de joie pour un baiser donné, pour un téton effleuré, pour un clitoris taquiné. Alors quand c'est à elle que la caresse s'adresse, elle redouble d'abondance.

La transformation de la cavité vaginale

Il en existe deux sortes.

- Les modifications de la première sorte se rencontrent dans les stimulations de la partie basse du vagin (entrée point G). Elles sont semblables à celles que provoque l'excitation du clitoris : un resserrement du 1/3 inférieur, une ballonnisation des 2/3 supérieurs (image de montgolfière) et ascension de l'utérus.
- Les modifications de la seconde sorte sont spécifiques des stimulations du fond du vagin (point A, col de l'utérus, culs-de-sac vaginaux). Ici c'est l'inverse qui se produit : le bas du vagin s'ouvre, le haut se resserre, la cavité prend une forme de A. La femme sent très bien le resserrement du haut vagin sous forme d'une poussée vers le bas. L'homme s'en aperçoit car ses propres doigts en mission dans le fond de la cavité ou le gode qu'il y promène ont tendance à être chassés.

La descente de l'utérus

L'utérus – corps et col – descend de quelques centimètres dans le vagin et se contracte de façon rythmique.

Les muscles du périnée

Ils se contractent de façon cadencée au moment de l'orgasme, comme ils le font pour l'orgasme clitoridien, particulièrement le pubo-coccygien.

La détente

Elle est plus profonde et l'impression de satisfaction plus grande que dans l'orgasme clitoridien.

Ce que la femme ressent

Ce que j'en dirai concerne l'orgasme obtenu par coït. Ici, c'est par comparaison avec l'orgasme clitoridien que les femmes s'expriment. Elles disent qu'il est plus lent à venir, il faut plusieurs minutes, voire plusieurs dizaines de minutes. Plus prolongé. Plus diffus, plus global, elles le ressentent dans toute l'étendue du vagin. L'entrée, le canal, le fond et pour cause. Et aussi dans tout le bassin dont les organes sont contigus au vagin : l'utérus, la vessie, le rectum. Plus profond. « *Il vient des entrailles* » disent-elles.

Plus total : il irradie dans tout le corps. C'est dans le même élan que les sensations apparues dans le vagin envahissent l'organisme tout entier : les sensations de contractions voluptueuses passent du vagin à l'utérus, puis montent dans le ventre, le dos, la tête d'une part et gagnent les jambes d'autre part. « *C'est une onde de spasmes voluptueux qui part de mon sexe, monte dans mon ventre et éclate dans ma tête.* » Autre sensation décrite : « *C'est une incandescence qui monte de mon bas-ventre, embrase mon corps et enflamme ma tête.* » Des femmes parlent de sensations lumineuses. « *C'est un flux d'étincelles qui explose dans ma tête comme un feu d'artifice.* » D'autres femmes parlent de tremblement de terre, de manèges qui tournent.

Plus doux, plus rond en ce sens qu'il est moins « *aigu* », moins dense. Mais, il peut être aussi violent, « *surtout,* disent-elles, *si on a excité longtemps le clitoris auparavant* ». « *Le top, c'est le clitoris d'abord et longtemps puis, quand je me sens bien mouillée et gonflée, la pénétration. C'est l'apothéose.* »

Plus haut en qualité. C'est la qualité du plaisir qui distingue l'orgasme vaginal : il est plus *« plein »*, plus complet (*« tout mon corps est rempli de plaisir, ma tête déborde de joie, il ne manque plus rien »*), plus satisfaisant (*« le besoin impérieux de mon vagin d'être comblé est satisfait »*), plus agréable (*« il est divin »*), plus apaisant (*« Je sens mes nerfs se relâcher complètement »*).

Plus *« génial »* en raison d'une plus grande participation psychique. L'orgasme vaginal a une dimension relationnelle et émotionnelle. *« Ce qui est bouleversant c'est de sentir la présence de l'amant, ses bras qui m'étreignent, le poids de son corps, la chaleur de sa peau, son sexe inséré en moi. » « Je sens que je partage avec lui quelque chose d'exceptionnel. »*

Un degré de plus et c'est une véritable métamorphose psychique qui se produit : un état de conscience supérieur fait d'agrandissement et d'élévation s'installe. C'est l'extase. C'est pourquoi, même si la majorité des femmes considèrent que l'orgasme clitoridien est fort, elles préfèrent l'orgasme par coït en raison de ses aspects psychiques.

Le vagin : La belle au bois dormant

La belle au bois dormant, c'est le vagin. Contrairement au clitoris et au pénis que les enfants utilisent dès les premiers mois parce qu'ils sont là sous la main (et sous les yeux pour le garçon), le vagin situé entre les cuisses est difficilement accessible aux doigts et inaccessible au regard. Il y a bien des fillettes qui découvrent qu'il y a là un trou et y mettent de menus objets par pure curiosité et non par volupté, le geste ne sera pas aussi fréquent, loin de là, que la chatouille de son bouton et ne pourra en aucune façon procurer de sensation voluptueuse. Donc le fait que la fillette a la partie centrale de ses organes sexuels – son vagin – à l'intérieur d'elle-même constitue un handicap à son éveil érotique.

Un long sommeil

Là-dessus, arrive la puberté qui renforce la mise à distance du vagin et son inaccessibilité.

- L'ensemble de la vulve – et donc l'entrée du vagin – recule un peu plus entre les cuisses, rendant encore moins accessible le vagin ; y mettre un doigt demande une torsion du poignet fort incommode.
- Une pilosité surgit, masquant un peu plus le site.
- Les règles apparaissent rendant cet endroit inquiétant et répugnant.
- La découverte de l'hymen rend ce lieu interdit ; sa blessure peut être douloureuse et sanglante ; et son intégrité témoigne d'une virginité qui pourrait encore être exigée par un futur mari.

Ainsi, l'anatomie et la physiologie entretiennent longtemps le sommeil de la Belle.

À l'adolescence, autrefois, les choses ne changeaient guère sauf que la fille se masturbait plus le clitoris et utilisait parfois des objets pour stimuler son vagin. De nos jours, beaucoup de jeunes filles ont brisé le tabou du vagin : elles utilisent des tampons périodiques et se servent de plus en plus de sex-toys. Or nous verrons combien la masturbation est la condition de l'éveil érotique du vagin. On peut donc espérer que de plus en plus de femmes auront une meilleure connaissance de leur cavité vaginale et de ses points érogènes.

Malgré cette évolution on peut dire que pour la majorité des filles, leur vagin est resté pendant 14 ans dans la clandestinité, intouché et invisible, sourd et muet : la fille n'en a pas une pleine conscience, il ne ressent rien, il ne lance pas d'appel, il ne se manifeste pas. Qu'importe, on croit depuis toujours qu'il lui suffit d'attendre : un jour un Prince Charmant viendra l'éveiller d'un coup de baguette magique, il transformera le vagin dormant en brasero.

Un prince bien ignorant

Le malheur, c'est que le Prince n'y connaît rien en matière de sexe féminin et à la façon d'y engendrer le plaisir ; lui, il ne connaît que la façon de se donner du plaisir : effectuer de rapides mouvements de branle de son pénis, geste mécanique aussi simpliste que stéréotypé qui ne peut en rien lui inspirer ce qu'il lui faut faire pour combler une femme, geste qui lui procure un orgasme en quelques minutes et lui fait accroire qu'il en est de même pour la femme, or celle-ci, et a fortiori si elle n'est pas éveillée comme c'est le cas de l'adolescente, exige un temps plus long.

La rencontre d'un jeune prince et d'une jeune belle, c'est la rencontre d'un garçon qui fourbit son pénis depuis 15 ans, et d'une fille dont l'écrin vaginal est intouché et donc insensible depuis toujours. D'un côté un organe hyper-entraîné, de l'autre un organe inexpérimenté.

La belle ne ressentira quasiment aucun plaisir ; elle sera déçue mais pourra toutefois éprouver un certain bonheur, surtout si elle aime le garçon : faire don de son corps et savoir ou peut-être sentir la verge de son aimé en son ventre est en soi source de belles émotions. Longtemps, très longtemps l'introduction d'un pénis en elle ne lui donnera pas de plaisir suprême. Le Prince lui, jouira pleinement dès la première intromission : se branler dans sa propre main ou dans le vagin d'une fille c'est biologiquement pareil.

De ces réflexions, il ressort que pour que la relation sexuelle soit un bonheur pour les deux protagonistes il faut :

- que le garçon apprenne la morphologie et le fonctionnement du sexe féminin ;
- que la fille sorte son vagin de la clandestinité le plus tôt possible, c'est-à-dire dès la puberté et fasse alors son apprentissage érotique.

L'éveil érotique du vagin

Il s'agit de sensibiliser la muqueuse vaginale, de mettre en route les circuits neurologiques et les arcs réflexes du système érotique et de les « entraîner ».

La meilleure façon pour une jeune fille d'épanouir sa sexualité est de se charger elle-même de l'éveil et de l'érotisation de son vagin bien avant le premier coït, et de continuer son « entraînement », même si elle a un partenaire, jusqu'à sa complète révélation : la survenue d'un orgasme au cours de l'union sexuelle.

L'érotisation de son sexe doit se faire en amont de la création du couple. Et elle seule peut effectuer ce travail de découverte, de lecture et d'apprentissage de son corps. Une femme ne peut arriver au couple les mains vides, sinon il faudra au duo des années de tâtonnements, de « rattrapage » pour changer à l'unisson. À 30 ans, il y a encore plus de 70 % de femmes qui ne connaissent pas l'orgasme coïtal. Le plus souvent, la maturité sexuelle de la femme s'accomplit entre 30 et 40 ans. C'est l'aboutissement d'un long chemin d'éveil qui dure 5, 10, 15 ans, voire plus. Il appartient à la femme d'accélérer cette maturité.

L'ÉROTISATION DU VAGIN

L'érotisation du vagin sera réalisée tantôt par la femme seule, par autocaresse, tantôt en coopération avec son homme qu'elle guidera.

L'érotisation du vagin par la femme elle-même

C'est par autostimulation du clitoris ou du vagin que la femme éveille sa sexualité. Kinsley l'avait montré, Masters et Johnson ont précisé : « *94 % des femmes qui ne se masturbent pas, n'ont pas d'orgasmes vaginaux.* » Shere Hite confirmait : « *Le pourcentage de femmes qui n'ont jamais eu d'orgasme est cinq fois plus élevé chez celles qui ne se sont jamais masturbées que chez les autres.* »

Par stimulation clitoridienne

Toute stimulation clitoridienne provoque des réactions dans le vagin : une lubrification de la muqueuse vaginale, une turgescence des tissus érectiles périvaginaux, un aiguisement de la sensibilité. Elle y éveille aussi diverses sensations : chaleur, pulsations, impression d'appel, etc. Quand survient l'orgasme clitoridien, des sensations plus intenses envahissent le vagin. À la longue va s'instaurer une conscience du vagin : la femme va avoir la révélation de l'existence subjective de son creux. Cette conscience sera particulièrement nette quand va apparaître le désir vaginal qu'elle ressentira comme un besoin d'être comblée.

La stimulation clitoridienne couronnée par l'orgasme clitoridien va donner à la femme l'expérience de l'orgasme et donc une référence pour ses autres recherches, va aussi lui révéler sa capacité orgasmique. Au total, il n'est pas excessif de dire que le clitoris est le révélateur de la sensibilité sexuelle de la femme, y compris de celle de son vagin.

L'autocaresse est une étape essentielle dans la découverte et l'épanouissement du plaisir.

Par stimulation clitoridienne associée à une stimulation vaginale

Tandis que la femme sollicite son clitoris – par ses doigts ou un objet –, elle introduit dans son vagin quelque chose – doigts ou objet aussi – qu'elle laissera immobile ou qu'elle agitera. Le but est d'obtenir un orgasme clitoridien alors que le vagin est occupé ou mieux, stimulé : ainsi se crée un conditionnement entre plaisir orgasmique et vagin. C'est tenter de « greffer » l'orgasme sur le vagin. Pour que prenne cette greffe, je conseille à la femme d'imaginer que c'est le pénis qui est en elle.

Par stimulation directe du vagin

Elle consiste pour la femme à solliciter le canal vaginal par l'introduction de ses doigts ou d'objets divers. D'antan, l'adolescente s'adonnait peu à cette pratique, la femme adulte guère plus également si l'on en croit l'enquête de Shere Hite (1,5 % des femmes qui se masturbaient). Actuellement, la proportion a crû depuis la généralisation des « jouets érotiques ». L'autocaresse vaginale est bien la meilleure façon de découvrir la configuration de son sexe et de ses zones sensibles et d'aiguiser cette sensibilité.

Je dis aux femmes : n'hésitez pas à explorer votre intimité, que vos doigts reconnaissent l'entrée, qu'ils s'enfoncent dans le canal, qu'ils en sentent bien les plis, qu'ils contactent au fond le col de l'utérus – un petit cylindre de 20 mm de haut – et tout le tour, les culs-de-sac. Il n'est pas toujours possible pour la femme d'atteindre le fond de son vagin, même en se tordant le poignet. Qu'elle fasse ce qu'elle peut !

Maintenant, Mesdames, que vous connaissez votre « intérieur », c'est le moment d'éveiller sa volupté. Deux sortes de stimulations y parviendront : celles qui s'adressent à la sensibilité au contact et celles qui concernent la sensibilité à la distension.

Stimuler la sensibilité au contact se réalise avec un ou deux doigts ou avec un objet. Stimuler la sensibilité à la distension se réalise avec plusieurs doigts ou de préférence avec un objet, celui-ci étant plus apte à créer une dilatation. Les objets utilisés doivent avoir une forme et une dimension ajustable au canal vaginal. Il peut s'agir de fruits, de légumes, d'objets usuels. Ou, de plus en plus souvent, d'objets spécialisés (olisbos, vibromasseur, godemiché. Cette sensibilité à la réplétion (être à la fois distendu et comblé) ne se révèle qu'après une longue pratique vaginale ; raison de plus pour ne pas attendre…

Quel que soit « l'exercice » il doit être précédé de caresses de toute la peau et du clitoris afin d'émoustiller le vagin et d'y créer la fameuse faim vaginale.

L'érotisation du vagin par l'homme

Vous devez, viser à satisfaire et la sensibilité de contact du vagin et sa sensibilité de distension. Pour la sensibilité de contact, vous pouvez vous servir de votre main, de votre langue ou bien d'un objet. De votre main, le doigt le plus apte est le médius ; vous pourriez y associer l'index ou, mieux, l'annulaire. Demandez-leur de pratiquer avec tendresse une friction en va-et-vient, de bas en haut et réciproquement. Ou bien d'effectuer affectueusement des mouvements circulaires suivant l'arrondi des parois. Dans les deux cas, les doigts restent allongés. Ils pourraient également offrir des pressions ponctuelles du bout de la pulpe. Pour ce faire, la troisième phalange doit être repliée.

Maintenant, mission plus délicate, demandez à vos doigts de rendre visite au fond du vagin, c'est-à-dire, au col et aux culs-de-sac vaginaux qui l'entourent et alors offrir à votre aimée la plus merveilleuse caresse qui soit : masser doucement mais fermement les culs-de-sac et le col en tournant dans le sillon qui entoure le col, ce qui ébranlera aussi quelque peu le corps utérin. Il émanera de votre aimée, de sa bouche qui chante, soupire et expire, de tout son corps qui s'abandonne, une telle impression de jouissance profonde que vous en serez extrêmement bouleversé.

Votre amante peut rester à flotter dans la meilleure des béatitudes. Mais elle peut aussi « exploser ». Vous sentiez bien que quelque chose se tendait en elle, que des forces colossales se rassemblaient au fond d'elle quand soudain elle pousse un hurlement suivi de plusieurs autres.

Le pouce peut également se charger de stimuler le vagin. La femme étant allongée sur le dos, le pouce, pulpe en arrière, caresse la face postérieure du vagin, les grands doigts taquinant l'anus. Cette caresse peut être couplée avec un baiser clitoridien. Ou bien, la femme étant couchée sur le ventre, le pouce, pulpe en avant, caresse la face antérieure du vagin, les grands doigts taquinant cette fois le clitoris.

Quelle que soit la figure, les doigts caresseront globalement l'intérieur, ou bien ils se focaliseront sur un point érogène précis : le point G en avant, le point P en arrière, le point C au fond, etc. Le plaisir qui en résultera pourra jaillir jusqu'à l'orgasme. Quant à la langue elle ne peut offrir au vagin que quelques zestes de bonheur : des « léchouillages » sur son orifice, de très modestes incursions dans le canal. Délicieux, mais pas de quoi perdre la tête.

En plus de vos doigts, vous pourrez utiliser des jouets érotiques.

À l'aide de votre pénis lui-même

Et si on confiait l'érotisation du vagin à votre pénis ? C'est ce que l'on fait couramment, me dites-vous, et l'apprentissage est long. Mais, moi, je vous parle d'une façon intelligente de faire l'amour, qui assure une érotisation parfaite, plus rapide et des plus agréables.

Premièrement, il faut que le coït dure longtemps, vingt minutes au minimum, jusqu'à une heure et plus. Il est donc nécessaire que l'homme possède bien l'art de la maîtrise de l'éjaculation.

Deuxièmement, il faut que le coït soit réalisé comme une « caresse intérieure », c'est-à-dire comme un jeu raffiné où le vagin et la verge se joignent majestueusement et se caressent réciproquement.

Troisièmement, il faut choisir des positions où la femme pourra le mieux prendre conscience d'être habitée par le pénis : la position d'Andromaque et celle de la lionne sont les plus favorables.

Quatrièmement, essayez de cibler les points érogènes féminins, c'est-à-dire de les faire heurter par le pénis en adoptant les postures ad hoc, en plaçant votre bassin au mieux, en effectuant des mouvements propices (du bassin, des reins, etc.). Par exemple, dans la position d'Andromaque, vous pouvez amener votre gland sur le cul-de-sac vaginal postérieur, où se situe le point C. Dans la position de la lionne, c'est le point G que vous pourrez mettre en contact avec le gland.

Comme avant toute caresse vaginale, commencez par caresser tout le corps puis le clitoris. C'est celui-ci qui ouvre l'appétit des profondeurs.

Pour réussir l'érotisation vaginale

Il s'agit de stimuler le clitoris tandis que le vagin est habité par le pénis ou un autre occupant, autrement dit d'associer stimulation clitoridienne et stimulation vaginale pour créer un conditionnement, de lier le vagin au plaisir. Plusieurs combinaisons sont possibles.

Un, la stimulation clitoridienne est effectuée par la femme elle-même, tandis que son compagnon s'occupe du vagin, en y introduisant soit plusieurs doigts, soit un objet qu'il laissera immobile ou qu'il agitera, soit son pénis qu'il laissera statique ou qu'il fera mouvoir. Pour l'apprentissage de l'orgasme vaginal, les doigts sont beaucoup plus efficaces que le pénis introduit.

Deux, la stimulation clitoridienne est exercée par l'homme – par la grâce de ses doigts ou d'un objet – tandis que c'est la femme qui s'occupe elle-même de son vagin comme elle l'entend.

Trois, le clitoris est toujours stimulé par l'homme qui prend également en charge le vagin par doigts ou objets interposés.

Quatre, le clitoris est stimulé par un baiser clitoridien offert par l'homme, quant au vagin, c'est l'homme ou la femme qui s'en charge par le truchement de leurs doigts ou d'un objet.

Bien entendu, c'est la figure qui associe clitoris et pénis qui est la meilleure initiation à l'orgasme vaginal par coït.

La position qui assure un conditionnement parfait est la position d'Andromaque : la femme à cheval jambes écartées, le pénis en elle, l'homme couché sur le dos. Ici, la femme peut aisément caresser son clitoris et bouger librement, afin de diriger elle-même ses mouvements, leur amplitude, leur direction, leur tempo, et leurs suspensions éventuelles. Elle s'applique à bien sentir la verge, elle vise à la placer aux bons endroits plus ou moins profondément, plus ou moins antérieurement ou postérieurement pour toucher toutes les facettes du fourreau. Bref, elle cherche à obtenir le maximum de plaisir.

L'homme peut également se charger du clitoris, mais moins aisément. Bien entendu, cette chorégraphie suppose que l'homme contrôle parfaitement son réflexe éjaculatoire, puisque c'est la femme qui conduit le bal.

La position de la lionne (ou levrette) permet elle aussi une caresse aisée du clitoris par la femme et un peu moins aisée pour l'homme, tandis que le pénis impacte des « plots » particulièrement érogènes tels le point G, en avant, et le point C, dans le cul-de-sac postérieur.

Faire chanter le vagin : du grand art

Pour tirer du vagin ses plus belles mélodies, on choisira de le stimuler par la grâce du pénis ou par l'entremise des doigts.

Stimulation du vagin en dehors du coït

C'est en observant comment la femme se masturbe que l'homme apprend le plus.

L'homme partenaire pratiquera la stimulation du vagin à l'aide de ses doigts ou d'un objet.

Les doigts – médius, index, annulaire –, l'un ou l'autre, ou deux ou trois associés caressent les parois de la cavité vaginale, soit globalement, soit ponctuellement en visant un des points sensibles.

Globalement ils effectuent des mouvements de va-et-vient, imitant le pénis dans ses déplacements. Ils produisent des frottements de la paroi vaginale (excitation par contact) et aussi une certaine distension (excitation par réplétion), encore faut-il, pour qu'il y ait distension, réunir plusieurs doigts. Le pouce seul, bien qu'un peu gauche, est plus large et plus pressant et donc bien efficace. Notez qu'un pouce introduit pulpe en arrière se fait fort de combler d'aise la paroi postérieure du vagin et son cul-de-sac postérieur (point P et point C), la distension maximum de la cavité est obtenue par l'introduction du poing. Si c'est votre choix, il faut agir progressivement et lubrifier largement.

Ponctuellement, les stimulations s'effectuent sur un point précis que l'on aura choisi : cercle de l'entrée, point A, point P, etc.

Les frottements seront un peu appuyés, comme un massage, les pulpes se déplaceront en va-et-vient ou en petits cercles ; elles pourront aussi masser sur place avec la première phalange repliée. À vrai dire, laissez votre instinct et votre intuition sentir ce qui est bon pour la femme et que détectent vos doigts ; il faut en quelque sorte mettre sa conscience dans la pulpe digitale : celle-ci alors sent les plus fins détails de la muqueuse, ses reliefs, sa chaleur, sa sensibilité, son magnétisme ; elle sent ce que ressent cette muqueuse et elle sent au-delà de celle-ci la femme entière avant même qu'elle ait pu avoir une réaction perceptible. Ainsi, tout l'être masculin à l'écoute de l'être féminin perçoit ses moindres frémissements, ses plus fines modifications de respiration, ses plus légers murmures. Alors il module – accroît, réduit, accélère, ralentit – ses frottements et sa pression. Et persévère sans se lasser car c'est souvent par manque de constance que l'homme n'arrive pas à mener le plaisir féminin à son apogée.

Nous verrons au chapitre suivant comment stimuler spécifiquement chacun des points vaginaux.

Les doigts du partenaire peuvent être remplacés par des objets, ceux-là même dont la femme se sert pour elle-même. On utilisera de préférence les objets spécialisés. Les plus gros sont destinés à stimuler le vagin par frottement et distension, les plus fins s'attachant à peaufiner des caresses sur des points précis. À faire avec raffinement, subtilité, patience.

Que penser de la caresse du vagin avec la langue ? Reine du plaisir en tout autre lieu, la langue ici n'en peut mais : trop courte pour aller plus loin que l'orifice d'entrée, elle ne peut qu'offrir des mignardises à une zone qui attend des mets autrement plus consistants. Toutefois, la femme n'y est pas indifférente, le geste est troublant, gourmet et adorateur.

Un jeu aussi

Dites-vous bien que le but de toutes ces actions généreuses est aussi ludique. Il ne s'agit pas seulement de procurer un orgasme mais aussi d'offrir du plaisir, un plaisir de chaque instant à déguster sans modération dans l'ici et maintenant. Ainsi la femme qui n'est pas encore éveillée ou la femme qui n'y arrive pas ce jour-là est heureuse quand même.

À la caresse vaginale il est toujours bon d'associer une gamme de stimulations variées qui renforcent le plaisir central : taquiner le clitoris, l'anus ou les mamelons de l'autre main ou de la langue est une idée géniale comme de pincer, griffer, lécher, sucer, mordiller tout endroit du corps quelque peu sensible. Il est toujours bon d'ajouter quelques épices ou quelques arômes au plat principal.

Géniale aussi l'idée non plus d'accompagner la stimulation du vagin mais de l'alterner avec la caresse d'autres sites : une caresse du vagin, une caresse du clitoris, une caresse du vagin à nouveau, puis une caresse de l'anus et ainsi de suite. On peut aussi envisager que c'est la femme elle-même qui va s'occuper des autres sites, après tout se stimuler l'anus ou le bouton elle sait faire. À vrai dire, dans l'art érotique comme dans tout art, tout est possible, toutes les combinaisons, toutes les couleurs, toutes les saveurs. À condition de sentir ce qui est bon pour l'autre.

Pour tous ces joyeux « exercices » la femme est classiquement couchée sur le dos mais pourquoi ne se mettrait-elle pas sur le ventre les jambes légèrement écartées ? Les doigts et les objets s'y introduiraient tout aussi bien avec l'aide d'une bonne lubrification. Les accompagnements sur les autres sites (clitoris, anus, mamelon) pourraient également se prodiguer grâce à l'autre main ou à la langue. Par exemple si une main de l'amant réjouit le vagin, l'autre peut fort bien réjouir l'anus qui, ici, est au premier plan entre les deux splendeurs fessières. Un amant habile et spécialement gourmet pourrait même d'une seule main gâter et le vagin et l'astre anal : son pouce introduit pulpe vers l'arrière flatterait la paroi postérieure du vagin tandis que son index bien mouillé de salive ou de pommade s'introduirait pulpe en avant dans le canal anal, très lentement et après les flatteries d'usage au pas de la porte. Alors la pulpe de chaque doigt sentirait la présence du doigt en face de lui, avec juste entre eux la paroi qui sépare vagin et anus, paroi qu'ils pourraient palper comme on le fait d'une étoffe précieuse, le pouce bougeant plus que l'index. Faite avec respect et subtilité cette caresse impressionnera fortement l'aimée.

On pourrait aussi introduire le pouce dans le vagin mais cette fois pulpe en avant et œuvrant sur la paroi antérieure et envoyer l'index ou le majeur vers l'avant en direction du clitoris avec mission d'en taquiner le gland. Mais ici aussi la mission clitoridienne pourrait être dévolue à la femme elle-même ; en s'occupant de son bouton en position ventrale elle retrouve une situation qu'elle aime depuis son enfance : se caresser cuisses serrées et le pubis contre le matelas.

Stimulation du vagin par le pénis au cours du coït

Nous rappelant que dans une population globale ne tenant compte ni de l'âge ni de l'expérience des femmes, 70 % d'entre elles n'éprouvent pas d'orgasme au cours du coït, on voit quelle sera l'importance du rôle du pénis ici. Il est donc bon de suggérer à son propriétaire quelques conseils.

Les mouvements du pénis
L'homme devra se servir de son pénis avec dextérité, comme s'il était un doigt. Il ne doit pas se contenter de lui faire exécuter des mouvements balistiques de va-et-vient, il doit moduler son action. Tout d'abord lui faire alterner mouvements profonds – destinés au fond du vagin c'est-à-dire au col utérin et aux culs-de-sac vaginaux – et mouvements superficiels – destinés plus au point G et à l'orifice d'entrée. Dans l'érotique orientale on conseille d'alterner une pénétration profonde pour 3 ou 9 superficielles, 9 étant le mieux. Ensuite l'homme devra varier l'axe de pénétration. Pour une même position il lui est possible de diriger son gland soit vers le haut, soit vers le centre, soit vers le bas. En position de mis-

sionnaire classique le haut correspond aux points G et A, le centre au col et au cul-de-sac postérieur point C, le bas au point P

La position des corps

Selon la position des corps l'un par rapport à l'autre les axes de pénétration du pénis changent et changent les impacts du gland sur la muqueuse vaginale. On peut donc jouer des positions pour stimuler plus particulièrement tel ou tel plot vaginal. Nous y reviendrons en étudiant les différents points érogènes.

La durée du coït

Une femme à la sensibilité vaginale particulièrement éveillée ou mise dans des circonstances particulièrement excitantes peut éclater en 60 secondes, comme un homme. Mais en général la femme a besoin d'un certain temps pour que l'action du pénis – jointe à l'action de la femme elle-même – puisse déclencher un orgasme, temps qui peut varier de 8 à 40 minutes, et qui dépend de la sensibilité innée de la femme, de son éveil, de son expérience, de son âge, des préliminaires, de ses sentiments, du contexte, etc.

On peut distinguer schématiquement :

Le coït court

Exécuté (au sens orchestral) en quelques minutes (8 à 10) et dit « à la hussarde ». Ils s'étaient regardés, touchés, respirés, aspirés tout l'après-midi mais sans pouvoir faire plus. Retenu, leur désir a atteint un point culminant ; de retour dans la chambre, ils se jettent l'un sur l'autre sans préparation, après un déshabillage éclair ou même sans déshabillage, ils se sont unis haletants, ont joui follement.

Le coït de durée moyenne
Réalisé en 15 à 20 minutes. Il constitue la majorité des relations sexuelles ordinaires. Il ne permet de développer que l'A.B.C. de l'art d'aimer et ne procure d'orgasme qu'aux femmes bien éveillées.

Le coït long
Célébré pendant une heure au moins mais qui peut se prolonger 3 ou 4 heures voire une journée. C'est l'union festive que l'on s'offre au cours d'un week-end, en vacances, en voyage de noces – il faudrait faire de chaque voyage, une lune de miel. On commence par partager un délicieux repas et une coupe d'un nectar, puis on plante le décor – bougies, encens, musique, etc., on se masse avec des huiles parfumées, on fait un strip-tease l'un et l'autre, on prend le temps de faire de longs préliminaires, on déploie tout l'éventail des baisers, des caresses, des positions. Et l'on va de volupté en volupté, d'orgasme en orgasme, faisant des pauses entre eux, devisant, se chérissant. Ainsi l'on mêle la sensualité à la sexualité.

Bien entendu, les unions qui dépassent quelques minutes nécessitent que l'homme sache pratiquer la maîtrise de l'éjaculation, maîtrise qui permet à son pénis d'habituer le vagin le temps qu'il faut pour offrir à la dame les meilleures chances d'accéder au zénith. C'est « la caresse intérieure ». Nous y reviendrons longuement.

Et rappelez-vous que l'orgasme n'est pas la seule fin du rapprochement d'une femme et d'un homme.

La femme et la conscience de son vagin

Au fil du temps, l'apprentissage aidant, les expériences s'additionnant, le vagin s'éveille. De trou sourd et muet, il se fait cavité vivante et voluptueuse ; la femme accède à la conscience de son vagin, conscience qui s'éprouve de façon aiguë en deux circonstances : le désir et le plaisir.

Le désir vaginal

C'est une sensation que la femme perçoit dans le centre de son bassin et plus précisément dans son creux. Cette sensation peut prendre la forme de tension, de battements, voire de lancinements, accompagnés d'une impression de chaleur. Ceci correspond à l'intumescence, c'est-à-dire l'engorgement pulsatif des tissus érectiles par un sang bouillant. Cette sensation peut aussi prendre la forme d'une impression de vide qui appelle à être comblé, à être pénétré, ce qui s'explique par la dilatation en montgolfière du vagin consécutive à l'excitation. Le désir peut aussi être perçu sous la forme d'une fringale. Au total, l'envie de faire l'amour est bien rapportée au vagin.

Le désir vaginal est tantôt léger tantôt impérieux. Léger, le désir est joyeux, il donne des ailes.

Impérieux, l'avidité se faisant voracité, il peut être une pression, agréable toutefois si la perspective de le satisfaire approche, pénible et torturant si la perspective est lointaine ou pire inexistante.

Le corps tout entier participe au désir : il se creuse et aspire à être comblé, emboîté, enveloppé. Les bras, les cuisses, les jambes s'arrondissent, la face antérieure, c'est-à-dire le thorax et le ventre se font concaves, les seins se tendent, le dos attend d'être enlacé.

Le désir peut préexister à la rencontre de l'amant, l'imaginaire aidant ; il s'accroît quand l'amant aborde la femme, il culmine lorsque l'homme stimule des zones érogènes très exquises. Alors la femme réclame la pénétration, c'est le fameux « *prends-moi !* ».

La jouissance vaginale

À la suite des caresses tant clitoridiennes que vaginales, la femme prend progressivement conscience de son vagin, de sa sensibilité. Les agréments qu'il procure vont croissants ; des orgasmes balbutiants apparaissent – des pointes de plaisir suivies d'une bonne détente – et un beau jour, au cours d'un coït, le grand orgasme la surprend suivi d'une formidable béatitude. C'est plus qu'une révélation, c'est une révolution. C'est l'événement le plus important de la carrière érotique d'une femme, celui qui la fait accéder à la majorité sexuelle.

Bientôt, elle pourra répéter l'orgasme deux, quatre, six fois, etc., si son partenaire sait prolonger le coït par le contrôle de son éjaculation. Elle s'apercevra que, plus elle a d'orgasmes, plus ils sont forts (contrairement à l'homme). Enfin, la femme complètement éveillée jouira de son vagin avec la même aisance et la même rapidité que l'homme de sa verge. C'est le fruit de sa persévérance.

Rendez-vous compte

Les hommes devraient mieux connaître les dimensions psychiques du fait d'être pénétrée par quelqu'un. Ils possèdent un appendice qui, même s'ils s'y investissent jusqu'à prendre la partie pour le tout, est extérieur, en surface. Le sexe de la femme est, lui, intérieur, profond, dans le ventre, viscère au milieu des viscères – utérus, trompes, vessie, rectum, côlon –, lesquels sont ébranlés par l'effraction amoureuse ; il n'est jusqu'à l'intestin et le cœur qui ne sentent les répercussions de ce séisme. Ce qui provoque non seulement d'étranges sensations internes mais produit l'impression d'être envahie, possédée ou à l'inverse de se donner vraiment jusqu'aux tripes, jusqu'à l'os. Et plus encore : d'aller fondre ses chairs dans les chairs de l'autre, en un mot, de fusionner réellement. D'où la tonalité bouleversante du plaisir de la femme, d'où aussi ses larmes au décours de l'orgasme, qui est autant d'émotion profonde que de joie.

Non ce n'est pas une mince affaire que de mettre quelqu'un en son centre. On n'a pas envie d'y mettre n'importe qui. Pour en jouir parfaitement il faut y accueillir quelqu'un pour qui on a au moins de l'estime, au mieux de l'amour. On sait bien que le plaisir est sinon plus fort, en tout cas plus comblant quand l'amour est là. Inversement quand la femme subit une intrusion c'est de la douleur physique et de la souffrance morale qu'elle ressent.

Les ados et le vagin

On comprend mieux encore pourquoi la première fois et les suivantes, l'intromission d'un pénis en elle ne peut emporter l'adolescente au septième ciel. Il faut le savoir pour ne pas être déçue ou s'y préparer. Les obstacles qui s'opposent à leur jouissance sont nombreux.

- Leur vagin dort, sauf s'il a été éveillé par des jouets érotiques ce qui se fait de plus en plus.
- La fille a des organes que le garçon n'a pas et dont il ne connaît ni la morphologie, ni le fonctionnement.
- La fille ne connaît guère ses propres organes et ne peut guider le garçon. De toute façon, elle a trop de pudeur pour le faire.
- La fille ne s'est pas ou prou excité le sexe. Le garçon, lui, s'est amplement entraîné et il obtient le plaisir très rapidement.
- Chacun n'a connu que l'autoérotisme, la masturbation ; passer à l'hétéro-érotisme est difficile. Ce que l'on a appris de la masturbation ne peut servir pour faire jouir l'autre. Du branle de sa verge, l'homme ne peut rien tirer pour caresser le clitoris ou le vagin de son amie.

- L'un et l'autre rencontrent subitement le grave problème de la dissymétrie entre la sexualité de la femme et celle de l'homme : temps de survenue de l'orgasme très court chez l'homme, plus long chez la femme, capacité polyorgasmique plus grande chez la femme ; surface érotique réduite culturellement à son sexe chez l'homme, étendue à toute sa peau chez la femme ; participation affective et fantasmatique beaucoup plus importante chez la femme. Il faut donc un certain temps pour ajuster et harmoniser les deux sexualités.
- La fille se caresse le clitoris, les cuisses serrées ou jouit de sa vulve en serrant les cuisses nous l'avons déjà dit. La nécessité d'ouvrir les jambes pour permettre au garçon d'accéder au clitoris ou d'introduire son pénis va la désorienter. Il faudrait que les filles apprennent à se caresser les cuisses écartées.

Pour éviter tous les cafouillages et les déceptions qui résultent de ces obstacles, on peut conseiller aux ados :

- de se documenter sur le sexe de l'autre dans les bons manuels. Par exemple, pour les garçons : *La caresse de Vénus ou les rêves secrets du clitoris* ; pour les filles : *L'homme (nouveau) expliqué aux femmes* ;
- pour les filles de bien connaître leur sexe et de l'entraîner ;
- pour les deux de ne pas hésiter à se parler, à se guider.

Chapitre V

SOYEZ AUX POINTS G MAIS AUSSI A, C, P, ETC.

Le point G

Les parois de la cavité vaginale portent une véritable constellation de points érogènes c'est-à-dire d'endroits particulièrement riches en capteurs sensitifs. À vrai dire, ces points sont plutôt des zones car ils occupent une certaine surface. On distingue le point G, qui sera traité dans ce chapitre, et les points E, A, C et P qui seront décrits au chapitre suivant.

La sensibilité du point G

Toutes les femmes ont un point G, des études l'ont montré. Mais le plus souvent il est virtuel, c'est-à-dire non éveillé et donc peu ou pas sensible. Il s'éveillera à force d'être stimulé. Toutefois, même devenu sensible, il demandera toujours à être stimulé longtemps.

Le degré de sensibilité dépend des femmes, des caprices de la nature (la libido se fixe plus ou moins sur telle zone) et de leur ancienneté dans ce domaine. Ça va de peu sensible à extrêmement sensible ; il est parfois si sensible que les femmes l'appellent leur second clitoris. Mais les femmes chez qui il est moins sensible ne doivent pas se désoler car sa sensibilité ira croissant.

Notons toutefois qu'une sensibilité limitée peut être due à des blocages : répression sexuelle dans l'enfance, expérience sexuelle malheureuse.

Trouver le point G

Le point G se situe sur la paroi antérieure du vagin. Il se trouve donc du côté de la vessie, derrière l'os du pubis et derrière l'urètre. Il est à mi-distance entre l'entrée du vagin et le fond, c'est-à-dire à 4 cm de l'entrée. Mais on peut aussi le trouver à l'entrée ou au fond ; souvent la nature varie. Il est bon que la femme ait auparavant vidé sa vessie.

Avant d'inciter l'homme à explorer le point G, il est préférable que la femme ait fait auparavant sa propre exploration de façon qu'elle puisse le guider[1]. Elle pourrait même pousser la pédagogie

1. Voir *Le Traité des orgasmes.*

jusqu'à avoir, au cours de ses autodécouvertes, fait toucher son point G par son mâle ou même de le lui avoir montré par spéculum superposé.

La femme est couchée sur le dos, les cuisses écartées. L'homme se place entre les cuisses de son amie ou sur le côté.

- Il rend au passage un vibrant hommage au clitoris de façon à monter le niveau d'excitation et la turgescence de la vulve et du vagin ce dont profitera la zone G, qui sera ainsi mieux repérable.
- Il introduit avec douceur, respect et subtilité un doigt, le majeur parce qu'il est le plus long, associé ou non à l'index ; la pulpe est dirigée vers l'avant, c'est-à-dire vers la paroi vaginale antérieure ; la première phalange est un peu pliée de façon à contacter cette paroi, sa pulpe est à l'affût. C'est ainsi que celle-ci repère à quatre centimètres environ de l'orifice du vagin une zone un peu rugueuse, à vrai dire quelque peu plissée.
- Il demande à son doigt de frotter fermement la zone. Dès lors il se fiera aux réactions de sa partenaire pour juger de la justesse de son action. Elle est juste :

  a) si la femme ressent un besoin d'uriner ;

  b) si elle ressent une impression de plaisir plus ou moins grand ou une impression bizarre voire désagréable qui montre bien que là est une zone particulière ;

  c) si la zone gonfle, prenant l'aspect d'une petite bosse tandis que les plis s'épaississent et que les contours s'affirment ainsi que les gouttières sur les côtés et le prolongement vers le haut : l'homme a sous ses doigts le corps du point G et sa queue.

Que l'homme continue patiemment ses fermes stimulations et aujourd'hui ou dans quelques mois le plaisir de la femme, toujours croissant, culminera en un bel orgasme accompagné ou non d'éjaculation.

Pour favoriser son exploration et ses caresses, l'homme peut appuyer avec son autre main sur le bas du ventre de la femme afin d'abaisser le point G vers la main qui se trouve dans le vagin. Il peut aussi demander à sa compagne de se mettre sur le ventre en écartant les cuisses ; il introduira alors son doigt la pulpe vers la face antérieure du vagin, c'est-à-dire vers le matelas.

De quoi est fait le point G ?

Le point G est en réalité une zone de tissu particulier qui enveloppe l'urètre, ce conduit qui achemine l'urine de la vessie au méat urinaire, lequel est situé dans la vulve entre clitoris et orifice vaginal. L'urètre se trouve devant la face antérieure du vagin et parallèle à lui. La zone G n'est pas une formation bien délimitée aux contours nets, c'est une coulée de tissu sans forme précise. Ainsi l'on voit que le point G n'est pas situé dans la paroi vaginale antérieure mais devant.

La zone G est constituée :

- **De tissus érectiles**, ces éponges vasculaires faites d'un réseau de vaisseaux et de vacuoles qui se gorgent de sang en cas d'excitation. Ce sont eux qui font gonfler le point G et le rendent jouissif.
- **De glandes de Skene** : munies de canaux excréteurs qui débouchent dans l'urètre, ces glandes sont analogues à celles qu'on trouve dans la prostate de l'homme. On peut donc dire que la zone G est la prostate féminine. Toutefois il y a des différences entre les deux prostates : celle de la femme est plus petite (5 grammes contre 30), elle n'a pas de limites nettes alors qu'une capsule délimite celle de l'homme. Sa situation sur l'urètre varie du bas vers le haut alors que celle de l'homme occupe toute la longueur. Mais il y a aussi des similitudes : la caresse appuyée du point G équivaut au massage de la prostate (massage qui se fait par voie rectale) et tous deux engendrent plaisir et même orgasme avec éjaculation.
- **De capteurs sensitifs et de nerfs efférents** dont la stimulation engendre également des sensations voluptueuses.

La caresse du point G

À l'aide de ses doigts

Bien entendu l'amant aura préalablement fait connaissance avec le fameux point et l'aura bien repéré. Mieux : son aimée aura pu le guider non seulement pour le repérage mais aussi pour lui montrer comment le stimuler jusqu'à l'orgasme, voire l'éjaculation.

Vous, l'heureux amant, n'oubliez jamais de prodiguer de généreux préliminaires à toute la surface de son corps, puis à toutes les merveilles de son sexe – sa vulve, son clitoris, les grandes lèvres, le vestibule etc. – avec vos doigts ou avec votre bouche. Il s'agit de mettre en appétit ce corps et ce sexe, y compris le vagin et le point G. Celui-ci ne se prend pas à froid, c'est aussi désagréable que goujat.

Entrez doucement votre majeur – accompagné ou non de l'index – dans le vagin, pulpe vers la paroi antérieure. Enfoncez jusqu'à quatre centimètres environ, c'est-à-dire de la longueur de vos deux premières phalanges, si vous avez de longs doigts. Restez sans bouger quelques instants, le temps que votre hôte s'apprivoise. Puis recourbez un peu la première phalange vers l'avant afin qu'elle contacte la face antérieure du vagin. Vous savez repérer le point G, il ne reste plus qu'à le stimuler : frottez, pressez, massez fermement, plus fort que vous le faites sur le clitoris en petits va-et-vient et en petits cercles. Poursuivez longuement, patiemment. Ne vous arrêtez pas si elle a envie d'uriner, c'est bon signe : vous êtes bien sur le point. Et puis elle n'urinera pas, d'autant qu'elle a pris ses précautions. Ne vous arrêtez pas non plus si c'est neutre ou même désagréable, c'est normal au début. Continuez sans vous décourager, ce qui ne vous empêche pas de tâtonner en fonction des réactions et de modifier le point de contact.

La bonne réaction c'est le point G qui se met à gonfler progressivement. Vous sentez ses plis s'accentuer, ses différentes parties s'affirmer : le corps au centre, les gouttières sur les côtés. Continuez, allez et venez, tournez et retournez sur le corps. Ayant introduit deux doigts placez-en un dans chaque gouttière et effectuez des va-et-vient. Vous pouvez aussi en remontant sur la face antérieure du vagin suivre la queue de la zone G.

Une autre bonne réaction c'est la femme qui vous l'indique : elle manifeste un certain plaisir, la stimulation lui devient agréable. Raison de plus pour continuer toujours sans crispation.

Si la flambée érotique s'avère trop longue à prendre, n'hésitez pas à souffler sur les braises : embrassez ardemment la bouche de votre aimée, jouez avec ses mamelons (lécher, téter, pincer), tisonnez subtilement son clitoris, taquinez son méat urinaire ou son anus. Que votre autre main, que votre bouche, que votre langue allume partout des feux. Mais votre aimée elle-même pourrait s'octroyer ces brûlants accompagnements.

Si vous avez caressé le point G avec infiniment de raffinement et de persévérance, et que rien d'extraordinaire ne s'est produit, vous aurez le droit de vous arrêter, vous promettant de remettre cela à demain ou dans une semaine. Toutefois n'arrêtez pas subitement la caresse, retirez très doucement votre doigt et passez à une autre caresse, connue et bonne à tous les coups afin que votre amante finisse en joie. Offrez-lui un bonheur clitoridien par exemple. Mais soyez-en sûr, un jour le plaisir s'emballera et l'orgasme éclatera.

Alors vous pourrez offrir à votre amie un plaisir extraordinaire et inoubliable : la transe orgasmique double. C'est un vol majestueux dans le ciel du bonheur absolu. Il s'agit pour vous de stimuler alternativement le clitoris et le point G de votre amoureuse, un doigt d'une main est placé sur le clitoris, un doigt de l'autre main est placé sur le point G. Vous commencez par exciter le bouton externe jusqu'à l'orgasme ; puis vous stimulez le bouton interne ; que celui-ci produise un orgasme ou pas. Ensuite vous excitez le clitoris et vous revenez au point G où les chances d'orgasme augmentent, et ainsi de suite. La femme ira d'orgasme en orgasme dans un continuum extatique étonnant, dont la durée peut atteindre 30 minutes voire une heure.

Avec un accessoire : gode ou vibro

L'usage d'un godemiché est peut-être ce qui va décider le point G à s'éveiller.

Les modèles les plus efficaces sont ceux qui stimulent le point G et le clitoris simultanément, les « double pôle » tels le petit lapin ou « twist and shake ».

Avec son pénis : le coït

Rappelons une fois de plus à l'homme qu'il lui faut offrir à sa partenaire de bien beaux préliminaires sur tout le corps, à travers les trois cercles que j'ai décrit dans « *Le traité des caresses* ». Il s'agit de mettre en émoi toutes les parties du corps, y compris le point G. Il est bon qu'avant la pénétration du pénis, le point G reçoive la visite d'un doigt le préparant –

l'apprivoisant et le sensibilisant – à l'arrivée de l'organe mâle. Ce doigt vérifiera aussi si le point G est à sa place habituelle à 4 cm de l'entrée ou bien, par fantaisie beaucoup plus haut ou plus bas.

Au cours du coït, il faut vous efforcer d'agir avec votre pénis comme vous le faites de vos doigts : vous devez viser à stimuler précisément le point G. D'autant qu'il est « équipé » pour se faire : à la base du gland est un rebord circulaire saillant, la « couronne » destinée à cascader sur les plis du point G, lesquels plis sont mis en relief par l'intumescence. Vous pourriez même sentir votre gland frotter sur les stries.

Commencez par des mouvements lents, que vous accélérerez ensuite. Soyez patient, très patient. Soyez attentifs aux sensations de plaisir qu'exprime votre aimée par la voix (gémissements, mots) et par ses mouvements.

Bien entendu, il vous faut posséder une parfaite maîtrise de l'éjaculation afin qu'une subite expulsion de sperme ne mette fin à la fête. Le but est que le pénis reste en érection et le plus longtemps possible en contact avec le point G. Nous verrons ultérieurement comment acquérir le contrôle de l'éjaculation.

Les positions favorables au point G

Si vous voulez, Monsieur, viser le point G avec votre pénis, encore faut-il que vous l'ayez repéré au doigt : est-il en situation basse, moyenne ou haute ?

Y a-t-il des positions d'amour qui favorisent le contact entre le gland et le point ou zone G ? Certainement mais ce qui compte alors c'est de bien s'imaginer, c'est-à-dire visualiser, ce qui se passe à l'intérieur : situer la zone G dans le vagin, se représenter l'axe de pénétration de la verge. Faire en quelque sorte de la géométrie dans l'espace.

Par ordre de facilité à toucher le point G nous trouvons les positions suivantes.

La position de la lionne (alias la levrette)

Il est logique que cette position, qui est celle des quadrupèdes, soit la meilleure : ne sommes-nous pas d'anciens quadrupèdes ? Nos très lointains ancêtres, cousins des singes supérieurs étaient quadrupèdes, nous-mêmes humanoïdes avant de nous dresser sur nos pattes arrière, nous marchions à quatre pattes et copulions donc par l'arrière. Dans cette position, l'axe de pénétration du pénis aboutit sur la face antérieure du vagin, la nature y a donc mis le point G.

Puisqu'il vous est permis d'être animal, Messieurs, pénétrez donc hardiment votre amie qui aime cela aussi, et allez planter vigoureusement votre flèche dans le mille du point G.

La position d'Andromaque ou de la Cavalière

L'homme est couché sur le dos, la femme à cheval sur le pubis masculin, les genoux sur le lit. Pour que le gland contacte le point G dans cette posture il faut que la femme se penche en arrière reposant sur ses bras et ses mains portés vers l'arrière ; la femme pourra parfaire l'ajustement en bougeant son bassin. Un autre avantage de cette position c'est de permettre l'introduction d'un pénis à demi-érigé pour ne pas dire à demi-flaccide ou de taille réduite et de savoir qu'il est quand même capable de stimuler le point G ; en effet celui-ci ne se trouve qu'à 4 centimètres de l'entrée.

La position du missionnaire dans sa variante femme jambes en l'air
La femme est allongée sur le dos, sous l'homme et tient ses jambes verticalement, talons posés sur les épaules de l'homme. Un coussin est placé sous les fesses de la femme. L'homme est à genoux entre les cuisses féminines. Dans cette posture l'axe de pénétration conduit le gland sur le point G.

Le tabouret
L'homme est debout, la femme assise sur un tabouret en face de lui, les cuisses écartées et enserrant la taille masculine. L'impact est bon, entre gland et point G. En plus les amoureux peuvent se regarder les yeux dans les yeux.

Par l'arrière femme couchée sur le ventre
L'homme s'allonge sur le dos de la femme et la pénètre.

L'orgasme du point G

Alors que l'orgasme clitoridien s'accompagne d'une dilatation en montgolfière du haut vagin et d'un rétrécissement du bas, dans l'orgasme du point G c'est le contraire : le haut du vagin se resserre, chassant vers le bas les doigts ou la verge qui s'y trouvent, tandis que le bas s'écarte, le tout figurant un A. Autre modification observée : l'utérus se contracte et descend vers le bas.

Que ressent la femme ?

L'orgasme de la zone G, comparé à l'orgasme clitoridien, est plus intense, puissant voire prodigieux, il se ressent plus profondément, il est plus long, il s'étend plus loin dans le corps, il est plus comblant, il satisfait plus et plus complètement la femme, il est plus émouvant, c'est-à-dire que l'émotion qui l'accompagne est plus importante et entraîne des mots plus forts, des cris plus forts, et des apnées. Et souvent l'orgasme du point G s'accompagne d'éjaculation ce qui accroît les sensations et les émotions.

Les autres points de la constellation vaginale : A, C, P, culs-de-sac

Nous parlerons ici du point A de la face antérieure du vagin, du point P de la face postérieure et des points profonds du col utérin et des culs-de-sac vaginaux dont le point C.

Il est indispensable que la femme connaisse bien elle-même toutes les facettes de son sexe, qu'elle les ait explorées par le toucher[1]. Elle pourra alors mieux guider l'homme.

N'oubliez pas les préliminaires

Avant de se lancer dans l'exploration voluptueuse de la constellation vaginale, il faut gratifier le corps tout entier de moult caresses, on ne le répétera jamais assez. Il s'agit d'élever le niveau d'excitation, d'instaurer un état d'abandon, et d'éveiller les zones sexuelles. Sachons être lents. N'oublions pas le visage, les cheveux, les pieds. Incorporons à ces délices quelques baisers lents également, goûteux, savoureux ; pimentons-les de douces succions de la langue amie. Jouons. Soyons à ce que nous faisons, ici et maintenant, sans penser au but.

Peu à peu on se focalisera sur les zones les plus érogènes – les mamelons, le clitoris. La stimulation clitoridienne – pas forcément jusqu'à l'orgasme – est indispensable car elle provoque la dilatation

---

1. Voir *Le Traité des orgasmes.*

en montgolfière des deux tiers supérieurs du vagin donc des culs-de-sac vaginaux.

Le point A : A comme antérieur

Ce point est situé sur la face antérieure du vagin, au-dessus du point G, à mi-distance entre celui-ci et le cul-de-sac vaginal antérieur. Il serait un prolongement de la queue du point G. Sa structure est la même : un tissu érectile et quelques capteurs sensibles, bref un tissu érogène, de type « prostatique ». Grâce à la stimulation préalable du clitoris, les deux tiers supérieurs du vagin sont dilatés en montgolfière et la recherche du point A est facilitée.

Pour contracter le point A, qui est assez profond, allez toucher le col utérin puis redescendez sur la face antérieure du vagin sur environ trois centimètres, là est le point.

Il lui faut faire en quelque sorte de la géométrie dans l'espace pour se repérer et trouver le point. Restera à le masser patiemment. Les premières manifestations de contentement de votre aimée vous encourageront à surmonter les crampes de votre poignet. Vous pourrez aussi user d'un gode de taille moyenne. Quant à votre pénis il n'a pas ce pouvoir électif ; quand il excite ce point, il excite en même temps tout le fond vaginal.

Le point P : P comme postérieur

Ce point est situé sur la face postérieure du vagin, à mi-distance entre l'entrée et le cul-de-sac vaginal postérieur. Sa sensibilité lui est propre et lui vient aussi de sa contiguïté avec le rectum : la paroi qui sépare le vagin du rectum est biface, en avant elle porte la muqueuse vaginale postérieure, en arrière elle porte la muqueuse rectale antérieure. La stimulation du point P peut donc avoir une harmonique rectale.

La femme comme l'homme peuvent le stimuler au doigt ou avec un gode. Quant au pénis, il ne fait pas ici le détail ; mais il est sûr que certaines positions favorisent l'impact du gland sur le point P.

Le point N : proche du point P

Bien qu'il ne se trouve pas dans le vagin je parlerai ici du point N parce qu'il est proche du point P : il se situe sur le périnée à mi-distance entre l'entrée du vagin et l'anus. Il correspond au premier chakra ou chakra de base. Le masser fermement avec la pulpe d'un doigt puissant (index, majeur, pouce) procure une agréable sensation de détente.

Les orgasmes profonds

Les orgasmes profonds sont ceux qui naissent de la stimulation du corps utérin et des culs-de-sac vaginaux qui entourent le col ; le point C est un point du cul-de-sac postérieur.

Souvenez-vous que le col de l'utérus s'avance dans le vagin et qu'autour de lui s'attache le fourreau vaginal, l'image est celle d'un pendentif de pierre au centre d'une coupole ; le sillon circulaire qui se trouve entre le col et le haut du fourreau vaginal forme les « culs-de-sac » vaginaux.

Le col de l'utérus se perçoit à bout de doigt – le médius ou l'index ou les deux joints – l'homme ayant introduit ses doigts avec respect, douceur et tendresse. Il doit toutefois un peu forcer pour toucher le col, lequel se ressent comme un bouchon saillant et dur. Quant aux culs-de-sac, les doigts de l'homme peuvent les atteindre et s'y glisser, et alors s'amuser à en faire le tour en tournant autour du col. Le col est à 6 ou 7 cm de l'entrée, les culs-de-sac à 7 ou 8 cm. Le calibre du col est de 20 à 30 mm.

En cas d'excitation, et spécialement d'excitation du clitoris, l'utérus remonte et se redresse tandis que le haut du vagin, y compris les culs-de-sac s'expansent en montgolfière. Phénomène tout à fait surprenant pour l'homme dont les bouts des doigts explorent les profondeurs féminines. Ainsi, au cœur de son intimité, le désir de la femme s'exprime de façon autonome. Alors l'homme médusé peut, de la pulpe de son index ou de son médius ou des deux réunis, caresser à l'aise la face interne, déplissée, arrondie, tendue du vagin ballonnisé et ses culs-de-sac largement ouverts.

La stimulation des culs-de-sac avec un doigt ou un gode ou le pénis déclenche des sensations voluptueuses particulières qui peuvent aboutir à un orgasme plus souvent volcanique que doux mais toujours particulier. Sans doute est-ce le fait que la muqueuse de ces zones est riche en capteurs sensitifs ; en effet les culs-de-sac vaginaux sont très innervés et à leur attache sur le col ils constituent une zone ultra sensible dont la stimulation peut déclencher des orgasmes instantanés.

Le côté « inédit » de la volupté vient de ce que les culs-de-sac se laissent légèrement distendre ébranlant quelque peu les viscères contigus et le péritoine voisin. Ce qui est particulier c'est donc la couleur « viscérale » des sensations et l'émotion qu'en ressent la femme.

La stimulation du col qui se fait aussi par la grâce d'un doigt, d'un gode ou du pénis donne le même genre de sensations « viscérales » mais renforcées car, lorsque l'utérus est ébranlé, les viscères alentours et le péritoine qui les entoure sont plus encore ébranlés. De plus l'utérus se met à se contracter, ce qui ajoute une note forte au bal des viscères. Contractions qui suivent plus spécialement les heurts du pénis.

L'art de stimuler les profondeurs vaginales

Avec les doigts

Avant toute exploration du fond vaginal, l'homme devra stimuler le clitoris de façon à faire s'ouvrir et se dilater les culs-de-sac et induire une bonne lubrification d'excitation. Pour accéder au fond, l'homme utilisera ses plus grands doigts – médius, index, annulaire –, un seul ou deux, voire les trois. D'abord il n'introduira que le seul médius, lentement, pour apprivoiser les lieux, en percevoir les parties : le point G, en passant, à mi-distance, le col plus haut, les sillons plus haut encore. Mais il est bon de rester un long moment sur le point G de façon à élever le seuil d'excitation de la région. Ensuite on pourra gagner le fond : un doigt unique se glisse dans un cul-de-sac et entame une stimulation en frottant assez fermement de sa pulpe la paroi vaginale dilatée. Frottez comme pour faire un signe du doigt : « *Viens ici.* » Retournant sa pulpe vers le col, le doigt caressera maintenant le cylindre cervical par petites touches appuyées, il taquinera même l'orifice de ce col. De bien belles sensations aussi inédites qu'agréables et d'un genre « viscéral » naissent et irradient alentour.

D'autres, plus fortes et plus inédites encore, surviennent quand l'amant fait bouger le col d'un côté et de l'autre ou le pousse vers le haut. Mais le summum du plaisir bouleversant survient lors du massage du col : le doigt masculin tourne assez vite dans les culs-de-sac circulaires en massant le cylindre. Alors ce sont les grandes orgues du plaisir qui résonnent.

Mais entre-temps un second doigt – soit l'index, soit l'annulaire – aura pu être introduit avec autant de douceur que de dextérité. Accolés ils font les mêmes caresses que le premier doigt avec encore plus d'efficacité car, au plaisir des frottements, s'ajoute le plaisir de la dilatation. Les doigts se soutenant, se poussant, agissent avec plus de force. Car ici s'il faut être subtil, il faut être appuyé aussi. Le vagin par sa résistance et son élasticité accepte joyeusement une certaine force.

Bien entendu l'aimant sera toujours attentif aux signes de désagrément et de douleur que la femme pourrait manifester et cessera son action aussitôt.

Quand la femme est couchée sur le dos, les grands doigts atteignent aisément les culs-de-sac antérieurs et postérieurs. Par contre, ces derniers pourraient être encore mieux traités par le pouce introduit pulpe vers l'arrière ; un bon massage de cette large pulpe qui se place bien dans le cul-de-sac, un massage appuyé, lent et convaincant apporte des bienfaits insoupçonnés.

Pour réaliser le mieux possible toutes ces caresses il faut visualiser dans sa tête la conformation intérieure du creux féminin et la position de la pulpe des doigts.

Avec un gode ou un vibro

On fera avec ces accessoires ce qu'on a fait avec les doigts, avec peut-être plus de souplesse mais moins de précision.

Avec le pénis

C'est lors de ses mouvements les plus amples et les plus vigoureux que le pénis contacte les plots érogènes du fond du vagin. Comme toujours, taquinez d'abord le clitoris afin d'ouvrir les culs-de-sac vaginaux. Quand le moment est venu d'introduire votre pénis, commencez par des mouvements – des va-et-vient – limités aux premiers centimètres du vagin et ayant pour but de saluer et d'éveiller la muqueuse. Ce faisant, vous frôlez le point G qui n'est pas loin de l'entrée, comme vous savez, ce qui relève un peu plus l'excitation et le désir de la femme d'être carrément ravagée, car si l'idée vous est venue de visiter les profondeurs féminines c'est que votre aimée vous a paru très affamée de pénis. Progressivement, celui-ci, allant et venant, pénètre plus profondément et approche des culs-de-sac déjà ouverts qui n'attendent que lui. Soudain par un coup de rein décisif, vous plantez votre verge au fond du cul-de-sac postérieur car c'est bien là que le gland va se ficher dans la position classique du missionnaire. Et la femme d'accuser le coup, car dans cette pénétration profonde qu'adore et que redoute tout à la fois la femme, l'utérus même est ébranlé. Au bout d'un certain nombre de heurts, ses réactions de plaisir vont croissant, les mouvements de son corps et spécialement ceux de son bassin se font sauvages et s'avancent à la rencontre de l'homme. L'orgasme surviendra au zénith du plaisir et s'accompagnera de cris déchirants qui faciliteront la libération du plaisir. Et qui laisseront l'homme mi-émerveillé, mi-effrayé.

Quelles que soient les positions, la femme – par instinct, par connaissance de son intérieur et en visualisant ce qui se passe en elle – peut, en bougeant son bassin, amener les diverses facettes de son vagin au contact du gland. Ici, c'est sa profondeur et plus précisément son cul-de-sac postérieur qu'elle doit ajuster. Elle doit donc faire de son vagin un organe actif, préhensile.

Quant à l'homme, il pourra donner à la pénétration de son pénis des axes propices à la rencontre de son gland avec le point C visé. Lui-aussi doit visualiser en connaissance de cause ce qu'il fait.

Positions et fond

La femme et l'homme peuvent tous deux adopter des positions qui favorisent l'impact sur telle ou telle zone érogène. Pour ce qui est du fond du vagin, et spécialement le point C du cul-de-sac postérieur, les meilleures positions sont les suivantes :

La position du missionnaire variantes A et B
La femme est sur le dos
- Variante A : la femme a les cuisses repliées sur sa poitrine et un coussin placé sous ses fesses. L'homme est à genoux face à la vulve féminine.
- Variante B : la femme a les cuisses et les jambes en l'air, les talons posés sur les épaules masculines. Un coussin est placé sous ses fesses. L'homme est à genoux entre les cuisses féminines.

La position d'Andromaque ou de la cavalière variantes A et B
L'homme est sur le dos
- Variante A : la femme agenouillée chevauche l'homme. Elle se penche en arrière en s'appuyant sur ses mains et ses bras placés derrière elle.
- Variante B : la femme accroupie surplombe l'homme. Elle se penche en arrière de la même fa-

çon.

Dans ces deux cas c'est la femme qui est aux commandes ; à vous de bien l'accompagner. C'est à elle de bien viser, c'est-à-dire d'amener son cul-de-sac postérieur sur le gland, comme elle le ferait avec un gode sur socle. Qu'elle prenne son temps. D'abord qu'elle caresse avec le gland sa vulve, son clitoris, l'entrée du vagin. Ensuite qu'elle l'insère dans son creux. Qu'elle fasse d'amples respirations. Et s'amuse, à titre de bienvenue, à contracter par petits coups son muscle pubo-coccygien, sur le gland éberlué. Puis qu'elle enfonce un peu plus le pénis en descendant sur l'homme. Qu'elle fasse quelques va-et-vient verticaux longs et lents. Toujours en respirant profondément et en contractant à petits coups son pubo-coccygien, cette fois sur la base de la verge. Qu'elle descende alors carrément en tachant de placer l'extrémité du pénis dans le cul-de-sac postérieur. À force de faire taper le gland sur sa zone C, il arrivera un moment où elle s'envolera dans l'or des étoiles.

La femme fera monter progressivement son excitation et le plaisir de son compagnon par des va-et-vient coulissants sur le pénis. Madame, ne vous précipitez pas dans des mouvements rapides et violents pour arriver le plus vite possible à l'orgasme. Allez et venez hardiment sur le pénis avec appétit et vous régalant ; mais quand l'excitation est très haute, suspendez vos mouvements et faites une pause au cours de laquelle vous pourrez caresser de mille façons, embrasser et complimenter votre partenaire. Puis reprenez vos mouvements. Et ainsi de suite. Vous suspendez, vous reprenez. A chaque reprise l'excitation croît d'un cran, les muqueuses s'aiguisent et le circuit neurologique se parfait. Quand vous vous sentirez au mieux de l'excitation vous pourrez forcer votre autopénétration, vous déchaîner mais tout en gardant le cap sur le cul-de-sac postérieur. Alors votre orgasme sera splendide. Bien entendu cette caresse intérieure suppose que votre amant possède la maîtrise de l'éjaculation.

La position de la lionne

Dans cette figure, le pénis atteint facilement le fond du vagin, il le fait même de façon tonitruante qu'il vaut mieux tempérer au début. Pour diriger le gland vers le cul-de-sac postérieur où le point C se réjouit d'avance, il est préférable que la femme creuse ses reins posant bras et front sur le lit.

Secret de femme

Avec la description de la sensibilité érotique des culs-de-sac et leur possibilité d'ouverture voilà ici révélées les facettes les plus secrètes de la volupté féminine et les secrets des orgasmes les plus féminins parce qu'impliquant le plus profond et le plus viscéral de la femme. Ces orgasmes sont accessibles à toutes. Ils ont, par ailleurs, un effet « guérisseur » en ce sens que par un phénomène d'abréaction, ils peuvent libérer la femme d'anciens traumatismes et de vieilles angoisses.

Ayant recueilli ce secret, l'homme n'en usera

qu'avec respect et tendresse pour le plus grand bonheur de sa compagne et jamais en technicien du sexe.

C'est aussi le moment de demander aux chirurgiens de tourner sept fois leur bistouri dans leurs mains avant d'enlever un col.

Que ressent la femme ?

C'est un orgasme très fort, sublime, relevant des grandes orgues. L'émotion est profonde. La sensation inédite, de couleur « viscérale ».

L'ÉJACULATION FÉMININE

Histoire d'eau

L'éjaculation féminine c'est l'émission par l'urètre de la femme de jets de liquide au moment de l'orgasme. Seul l'orgasme déclenché par la stimulation du point G provoquerait cette émission. À mon avis, les autres orgasmes vaginaux – l'orgasme du point A et les orgasmes des culs-de-sac en particulier – la provoqueraient aussi, ainsi que, dans certaines conditions, l'orgasme clitoridien.

L'appellation « éjaculation » est juste, le latin « ejaculari » signifiant « lancer hors de soi avec force un liquide sécrété par l'organisme » (*Le Robert* en 11 volumes) ; mais elle n'est pas juste au sens commun, le liquide ne contenant pas de spermatozoïdes. Il faut la maintenir quand même parce que le liquide sort en jet et surtout parce qu'il est émis par une formation dite « prostate féminine », comme nous le verrons. Ce jet, voire ce geyser, est du reste bien visible, en particulier si le sexe de la femme se trouve au-dessus du visage de l'homme.

La quantité émise est très variable et va de 5 ml à 200 ml, c'est dire qu'elle peut aller de quelques gouttes à un « demi » (de bière) en passant par la cuillère à café, la cuillère à soupe ou la tasse. Le liquide peut être assez abondant pour tremper une literie (qu'il faut protéger par une alèse) ou cascader d'un canapé de cuir jusqu'au sol où il ruisselle.

La fréquence de l'émission va de « jamais » à « à chaque fois » en passant par « un orgasme sur deux » ou « un orgasme sur dix ». Ça dépend aussi du partenaire : de son talent, de la confiance que la femme a en lui.

La plupart des femmes ont la capacité d'avoir une éjaculation – celles qui ont conservé leur ébauche de prostate (voir chapitre suivant). Mais elles n'en ont pas l'obligation. En effet il ne faudrait faire de cette possibilité une contrainte et instaurer ainsi un nouveau terrorisme selon lequel la femme qui n'aurait pas un point G hypersensible et une éjaculation automatique ne serait pas normale ou pire ne serait pas une « vraie » femme. Les femmes n'ont pas à faire de l'éjaculation l'objectif de tous rapports sexuels (mais elles pourront apprendre à l'obtenir). Les hommes n'ont pas à exiger systématiquement cette émission. Il n'est pas nécessaire d'éjaculer pour avoir une vie sexuelle réussie. La quantité de l'éjaculation n'est pas proportionnelle à l'intensité du plaisir.

Nier l'éjaculation féminine est grave

Pendant les derniers siècles les hommes, y compris les médecins, par misogynie, par mâle-peur et dans le cadre général de la répression de la sexualité de la femme ont voulu ignorer l'émission d'un liquide par la femme jouissant. Encore actuellement, beaucoup d'hommes continuent de nier le phénomène. Les conséquences peuvent être graves.

- Des hommes croient sincèrement que la femme a uriné (« *elle m'a pissé dessus* »), s'en offusquent et tiennent même des propos durs à l'encontre de leur partenaire. Certains en éprouvent un dégoût persistant. On en a même vu se séparer de la femme. Quant à celle-ci, la blessure qu'elle ressent est grave et risque de compromettre son avenir sexuel.
- Des médecins, ignorant ou refusant la réalité de l'éjaculation féminine, prennent des décisions inopportunes et parfois graves face à des consultantes, ignorant elles-mêmes le phénomène. Des chirurgiens, croyant à une incontinence urinaire ont opéré ces femmes. Des psychiatres pensant à je ne sais quels troubles psychiques leur ont fait accroire qu'elles étaient vraiment anormales et les ont engagés dans des psychothérapies hors de propos, déstabilisant pour le coup la patiente.
- Des femmes méconnaissant le phénomène ont elles-mêmes cru qu'elles urinaient et en ont conçu une profonde honte. Dès lors elles se sont arran-

gées pour que ça ne se produise plus en évitant d'aller au bout de leur plaisir, c'est-à-dire de s'abandonner à l'orgasme qui vous fait perdre le contrôle de soi. D'autant qu'elles avaient remarqué lors des caresses du point G qu'une envie d'uriner apparaissait. Aussi dès que le plaisir atteint une certaine intensité, elles se réfrènent. Il y en a même qui n'osent plus entrer dans l'excitation et le plaisir ; elles évitent les caresses irrésistibles et les positions trop excitantes. Et inconsciemment elles maintiennent leur muscle du bonheur en état de contracture. Hélas, à force de se contrôler le processus de l'orgasme et de l'éjaculation se bloque définitivement.

- D'autres femmes enfin connaissent le phénomène mais n'osent le libérer par pudeur, de peur que l'homme le prenne mal. Elles ont connu moult amants mais jamais elles ne se sont laissé aller à épancher leur eau d'amour. Puis un jour, se sentant en totale confiance avec un aimant, elles ouvriront les vannes et inonderont l'élu pour leur plus grande joie à tous deux. Bienheureux l'homme qui reçoit ce baptême. Dans l'esprit de la femme une éjaculation ça se mérite.

L'art d'être source

D'où vient l'éjaculation féminine ?

L'éjaculat est un liquide élaboré et émis par la prostate féminine. L'existence d'une prostate et d'une éjaculation féminine a été établie dès l'Antiquité et confirmée par la suite.

Cette prostate féminine entoure l'urètre de la femme comme un manchon exactement comme le fait la prostate de l'homme autour de l'urètre masculin. Et elle est constituée des mêmes éléments que la prostate de l'homme.

- Des tissus érectiles faits comme d'habitude d'une éponge d'artérioles, de veinules et de lacunes vasculaires.
- Des glandes dites de Skene faites de vésicules sécrétoires et de canaux excréteurs qui débouchent dans l'urètre. Les vésicules sécrètent et stockent le liquide éjaculatoire. Au cours de l'éjaculation le contenu des vésicules est expulsé dans l'urètre grâce à la contraction des muscles pubo-coccygiens et à la pression du pénis. Le liquide sort en jets au niveau du méat urinaire situé dans la vulve.
- Des capteurs sensibles assez semblables aux corpuscules de volupté de Krause ; ce qui fait de cette prostate une zone érogène virtuellement aussi efficace que le clitoris.

Le point G correspond à la partie de cette prostate située entre la paroi antérieure du vagin et l'urètre. Selon les femmes, le volume de la prostate est plus ou moins important et la situation de sa plus grande épaisseur varie : on la trouve soit au bas de l'urètre, près du méat, donc le point G sera à 1 cm de l'entrée du vagin, soit à mi-distance entre méat et vessie, donc le point G sera à 4 cm, ce qui est le cas le plus fréquent, soit enfin en haut de l'urètre, près de la vessie, donc le point G sera à 7 cm.

Nature du liquide éjaculé

Le liquide qui sort de l'urètre est incolore, translucide, de consistance aqueuse, inodore, de goût légèrement salé. Son analyse chimique révèle la présence d'enzymes prostatiques spécifiques.

En tout cas ce n'est pas de l'urine : celle-ci est jaune et a une odeur caractéristique ; elle a un pH plus élevé ; elle contient des déchets éliminés par le rein (urée, créatinine, etc.) ; elle ne contient pas de sucre, l'éjaculat en contient. Enfin le test au bleu de méthylène fait bien la différence : lorsqu'on administre par voie orale à une femme quelques gouttes de bleu de méthylène – substance éliminée par les reins – on retrouve le colorant dans les urines mais pas dans l'éjaculat.

Ce n'est pas non plus le liquide de lubrification vaginale. Celui-ci est un transsudat depuis les vaisseaux du manchon vasculaire du vagin. Il apparaît dans le vagin au début des festivités ; dès la phase de désir et d'excitation première on le voit sourdre de l'orifice vaginal.

Ce n'est pas plus le liquide de lubrification vulvaire, celui que sécrètent les glandes de Bartholin situées de part et d'autre de l'orifice vaginal. Il est plus visqueux. Il apparaît en seconde partie, prenant le relais de la mouillure vaginale.

Les hommes et l'éjaculation féminine

Il y a ceux qui n'aiment pas.

- Ceux qui pensent que c'est de l'urine. Les uns sont dégoûtés et le manifestent vivement, les autres sont gênés mais n'osent rien dire, d'autres enfin font semblant qu'il ne se passe rien.

- Ceux qui savent bien que c'est de l'éjaculation mais ne sont pas à l'aise avec les fluides féminins. Certains même sont quelque peu effrayés. Et puis il y a les machos qui pensent que seul l'homme a le droit d'émettre un liquide et que cette éjaculation constitue un signe de plus de la tentative de prise de pouvoir par les femmes.

Il y a ceux qui aiment sachant que c'est de l'éjaculation : pour certains c'est la preuve qu'ils sont bons amants (ils ont su faire jouir la femme), et qu'ils ont une bonne amante (elle a joui très fort). Pour d'autres, cette inondation par un liquide chaud est fort agréable. Pour d'autres enfin, se faire ondoyer par un flot issu d'une source féminine, symbolisant la puissance naturelle de la femme, est prodigieux.

Le comportement de l'homme est déterminant pour la femme et la suite de la relation. Si l'attitude de l'homme est négative, la femme sera blessée dans sa féminité et elle se sentira non désirée voire rejetée, ce qui est mauvais pour le couple. Si cette attitude est positive, la femme se sentira acceptée voire honorée dans toutes les expressions de sa féminité, elle laissera libre cours à sa sexualité et s'efforcera de développer sa capacité d'éjaculation. Qu'elle puisse affirmer toute sa féminité et toute sa sexualité est bon pour le couple.

L'art de l'éjaculation

L'éjaculation déclenchée par la femme elle-même

Il peut suffire à la femme de se caresser le point G pour obtenir une éjaculation accompagnée ou non d'orgasme. Si elle n'y arrive pas, elle pourra y parvenir après une sorte d'entraînement ; alors ayant appris seule elle sera apte à éjaculer en compagnie de son amant[1].

L'éjaculation déclenchée par l'homme

Avec le doigt

- **La femme est allongée sur le dos**

L'homme se place sur un côté ou entre les cuisses de la femme. Après d'irrésistibles préliminaires tous azimuts, l'homme introduit un ou deux doigts dans le vagin et caresse ou plutôt frotte fermement et largement la paroi antérieure du vagin derrière laquelle se trouve le point G et plus globalement la prostate féminine. Les doigts seront un peu recourbés, la pulpe digitale frotte en va-et-vient et en cercle avec conviction ; elle passe sur le corps du point G, au centre, dans les gouttières sur les côtés et remonte sur la queue vers le haut. Ce qui revient à faire un massage de la prostate, exactement comme la femme peut le faire sur la prostate de l'homme (à la différence que la femme passe par l'anus pour ce faire).

L'homme sentira la zone grossir du fait que les tissus érectiles se gorgent et que les glandes de Skene se remplissent. Il sentira aussi les réactions de la femme aux sensations que provoquent les caresses : mouvements de son bassin, gémissements crescendo et bientôt des mots d'appréciation et d'encouragement. Il continuera le temps qu'il faut.

---

1. Voir *Le Traité des orgasmes.*

Il existe une variante à cette caresse : commencez par un merveilleux cunnilingus, excitant à souhait la vulve, aiguillonnant le clitoris (sans aller jusqu'à l'orgasme), titillant le méat urétrale très relié au point G, choyant l'entrée du vagin, y introduisant la langue le plus loin possible. Quand la compagne est « aux anges », l'homme enfonce délicieusement dans le vagin un ou deux doigts qui iront masser avec inspiration le point G. Il serait bien venu que la pointe de la langue continue de titiller le méat ou le clitoris, ne serait-ce que par intermittence.

- **L'homme est allongé sur le dos**

La femme se place au dessus de lui, à cheval sur le pubis masculin (position de la cavalière). Les préliminaires l'ont déjà mise en ébullition si bien que l'homme sent sur la peau de ses cuisses et de son ventre la vulve, que la posture fait bâiller, le mouiller et le brûler. Il se met à caresser les seins de la femme tandis que celle-ci entreprend de se taquiner le clitoris, ce qui attise un peu plus la flambée vulvaire. Du coup l'amante ne peut se retenir de frotter sa vulve en feu sur les cuisses ou le ventre de son amant. Alors une idée magnifique vient à celui-ci : de ses deux mains posées sur les hanches de l'aimée il la tire vers son torse ; elle se laisse faire et y pose sa vulve en feu et ne tarde pas à la frotter sur le pelage mâle. Mais voilà qu'elle se penche en avant, ses seins effleurant le visage de l'homme. C'est elle qui maintenant a une idée magnifique : la voilà qui caresse subtilement ce visage de la pointe de ses tétons, puis pleinement de l'ensemble de ses globes. La vue des seins évoluant sur sa face, le contact dur des mamelons traçant des arabesques sur ses joues, ses paupières, son front, puis la caresse douce et molle des globes glissant ou s'écrasant sur sa face rend l'homme fou de bonheur. Aussi ses mains quittent les hanches de la dame et viennent s'emparer de ses seins. Il les empaume et les tire vers sa bouche. S'il s'écoutait il n'en ferait qu'une bouchée, mais il se contente de les presser, malaxer, peloter, puis d'amener les tétons entre ses lèvres qui les aspirent jusqu'au fond du palais et les tètent goulûment. Mais l'amante se redresse et pose à nouveau sa vulve flamboyante sur le torse masculin et s'y frotte.

Alors l'homme reprend sa magnifique idée : de ses mains empoignant les hanches de l'aimée il la tire vers le haut de manière à ce que la vulve adorée soit à la verticale de son visage, puis il lève la tête et abaisse la fente sur sa bouche et le voici réalisant le plus époustouflant baiser vulvaire qui soit. Dans la vulve épanouie, enflammée et mouillée comme c'est pas possible, les lèvres et la langue mâles farfouillent, léchottent, aspirent, sucent à la régalade. Affolée et au comble de l'excitation la femme applique sa vulve béante sur le visage du mâle, le contraignant à poser la tête.

Lui il n'a jamais senti si près la chair féminine, chair sanguine, tendre, brûlante, détrempée, chair vibrante faite de pétales carminés, de voiles flottants, chair parfumée où, aux odeurs de criée, se mêlent des relents de marchés d'Orient, chair goûteuse où aux saveurs de coquillages se combine l'amertume de la gentiane, chair marine qui fait frémir en l'homme d'archaïques souvenirs.

Alors envie d'entrer dans cette mer intérieure, d'y glisser un doigt frétillant qui remontant le flux, y déclenchera quelques tourbillons de plaisir, quelque raz-de-marée, envie aussi de faire chanter et crier cette sirène. Alors le doigt entreprend de sublimes caresses là où est le point séismique. Bientôt de la bouche de la femme montent des plaintes de bonheur qui s'élèvent crescendo. Et soudain dans un cri à écarter les étoiles la femme ouvre ses vannes et un flot brûlant fleurant bon le grand bleu inonde le visage de l'homme, cascade sur ses joues, glisse sur ses paupières, entre dans ses narines. Et l'homme baptisé de l'eau féminine se jure bien de n'avoir plus de religion que l'amour pour cette femme.

Avec un gode

L'homme fera comme avec son doigt. Le gode est moins précis pour cibler la zone, mais il permet mieux de réaliser la variante combinant stimulation du point G et cunnilingus.

Avec le pénis

Pour stimuler la zone G au cours du coït, l'homme doit adopter la position propice et les axes de pénétration qui font se rencontrer gland et point G (voir le chapitre précédent).

À quoi ça sert ?

L'éjaculation féminine joue un grand rôle dans la relation amoureuse et érotique. C'est un test de profondeur d'intimité et de confiance réciproque de la part des deux amants. Inversement c'est un fait qui rapproche et renforce le lien. C'est, pour la femme un test de maturation sexuelle dont elle est fière pour elle-même et vis-à-vis de son aimant. C'est aussi la manifestation d'un plaisir extrême dont elle peut s'enorgueillir et dont son amant tirera gloire, et une manifestation spontanée et non imitable, alors que des cris peuvent être forcés, voire simulés.

Que ressent la femme ?

La majorité des femmes disent que l'éjaculation s'accompagne d'orgasmes intenses. Ce serait les plus intenses, les plus satisfaisants, les plus complets. Peut-être parce qu'elles témoignent d'un abandon complet, d'une absence totale de contrôle, de retenue.

Les femmes évoquent des vagues de plaisir qui les portent, des flots ensoleillés qui sortent de leurs vulves, des cascades qui les emportent. Elles se voient sources, elles abreuvent l'homme, elles irriguent la terre !

Toutefois il faut savoir que des éjaculations peuvent se produire sans orgasme et que des orgasmes puissants peuvent survenir sans émission ; c'est même dans l'état actuel de la sexualité féminine le cas le plus fréquent.

Quoi qu'il en soit une première éjaculation dans la vie d'une femme ça se fête, comme les premières règles. Alors, Messieurs, emmenez-la dans un étoilé et que le champagne coule à son tour.

Les causes de non-éjaculation

Presque toutes les femmes ont la capacité anatomique et physiologique d'éjaculer, or actuellement la majorité des femmes n'éjaculent pas. Pourquoi ?

Il y a celles – rares – qui ne peuvent pas : leur muscle PC est trop faible ou bien il a été – ainsi que tout le périnée – détérioré par une intervention chirurgicale ou un acte obstétrical (épisiotomie).

Il y a celles dont la sexualité n'est pas encore suffisamment éveillée pour atteindre l'orgasme vaginal.

Il y a celles qui se retiennent soit parce qu'elles croient uriner, soit parce qu'elles n'osent pas s'épancher, bien que connaissant le phénomène de l'éjaculation.

Il y a celles qui, bien qu'au courant de l'éjaculation, ignorent que ça leur arrive, prenant leur émission pour une abondante mouillure.

Il y a celles qui ont été blessées par la réaction d'un homme lors d'une précédente éjaculation et se l'interdisent désormais.

Il y a aussi celles dont le blocage est lié à un désordre psychique : femmes ayant subi une éducation répressive ou un trauma sexuel entraînant complexes et névroses, femmes atteintes de dépression, de phobies, etc.

Il y a enfin celles dont l'ébauche prostatique s'est atrophiée.

Il est temps que les femmes et les hommes considèrent que l'éjaculation féminine est un phénomène naturel qu'on peut libérer. C'est pour la femme un épisode de la reconquête de son corps, de la réappropriation de toutes les facettes de sa vie sexuelle.

Rappelons toutefois que ce n'est jamais obligatoire, et en tout cas jamais automatique comme l'éjaculation de l'homme.

Aspects affectifs et spirituels

L'éjaculation chez la femme est une manifestation très liée au registre affectif et à l'amour. C'est l'expression, souvent, d'une entente profonde avec son aimé et d'une volonté de partage. Inversement l'éjaculation tisse de nouveaux liens. On voit bien qu'elle survient plus facilement quand les sentiments d'amour sont vifs entre les partenaires.

L'éjaculation féminine est aussi une manifestation très liée à l'émotivité et elle provoque de forts bouleversements. Comme le séisme orgasmique, elle a un rôle cathartique d'évacuation des traumatismes archaïques de l'enfance.

Pas de presse-boutons

Malgré toutes les descriptions des points érogènes que j'ai pu faire, l'érotisme ne se résume pas à presser sur des boutons. D'une part parce que l'usage de ces boutons n'a rien d'automatique et de facile, d'autre part parce que la personne qui porte ces points est un « être », quelqu'un qui a une sensibilité, un idéal, des rêves, des blessures, en deux mots : un cœur et une âme.

Le plaisir lui-même ne peut se réduire à une simple réaction d'organe, une banale réaction réflexe à une excitation. L'érotisme ne sera jamais une technique. Car, principalement chez la femme, y compris les femmes libérées des anciens stéréotypes, le but de la sexualité est rarement un pur assouvissement mais plutôt une relation avec l'autre. De plus la jouissance suppose chez elle un minimum d'investissement affectif.

Quoi qu'il en soit l'émission d'eau par la femme jouissant constitue un phénomène remarquable qui est l'expression érotique la plus féminine. Peut-être parce qu'elle correspond à l'aspect nature, sauvage de la femme.

Chapitre VI

L'URÈTRE, L'ANUS... LES OUBLIÉS DU JARDIN DES DÉLICES

Il est des zones du corps que la nature n'a pas, en première intention, destinées à l'érotisme sexuel mais à une autre et précise fonction vitale : la bouche serait de celles-là, elle est faite pour l'absorption des nourritures, l'urètre aussi qui est fait pour l'évacuation de l'urine et l'anus qui est fait pour l'excrétion des matières fécales.

Toutefois la bienfaisante nature n'a pas fait de la marche de ces fonctions quelque chose de pénible, au contraire leur fonctionnement est agréable : manger est un plaisir, soulager sa vessie ou vider son rectum aussi.

On aurait pu aussi citer la peau : faite pour protéger notre organisme et détecter ce qui se passe autour, elle nous offre des plaisirs lorsqu'elle est caressée.

Alors il faut accepter qu'une zone assume la fonction pour laquelle elle a été créée et qu'elle soit également source de plaisir et cela non seulement de façon spontanée mais aussi provoquée. C'est ainsi qu'on pourrait justifier l'érotisme urétrale et l'érotisme anal.

De toute façon, quoi qu'on pense du bien-fondé de ces érotismes, les faits sont là : les zones urétrales et anales sont chez beaucoup d'humains sources de sensations agréables, même si, dans un premier temps, elles peuvent s'avérer déplaisantes voire douloureuses.

L'orgasme de l'urètre et du méat urinaire

Le méat urinaire c'est l'orifice par lequel l'urètre s'abouche dans la vulve pour évacuer l'urine stockée dans la vessie. Il se présente comme une petite saillie – un petit bouton – perforée d'un fin pertuis.

La sensibilité érogène du méat peut s'expliquer par la richesse de ses capteurs sensitifs et par les tissus érectiles qui l'entourent, tissus qui sont la continuité de ceux du système clitoridien et qui eux-mêmes se continuent vers le point G. En effet, les divers tissus érectiles de la femme ne sont pas faits de pièces détachées, ils sont reliés les uns aux autres. Il n'est pas possible que le méat soit un îlot d'insensibilité érotique alors qu'il est situé entre des zones aussi fortes de volupté que sont le clitoris et le vagin.

Comment stimuler le méat et l'urètre ?

La femme elle-même peut stimuler son méat urétral : avec la pulpe d'un doigt elle le frotte en exécutant des va-et-vient ou de petits cercles. Ou bien elle le taquine avec de petits objets ou des vibros de petit calibre. Certaines vont même jusqu'à enfiler de fins objets dans le pertuis : épingle à cheveux, tige végétale, etc.

Quant à l'homme, il n'est pas impossible que par la pulpe d'un de ses doigts il puisse chatouiller agréablement le méat, mais il lui faut des doigts d'orfèvre. Par contre sa langue se révélera plus douée pour cette chatouille. De sa pointe elle peut titiller le petit relief creusé de son minuscule orifice. C'est d'ailleurs de cette façon et mieux qu'avec ses yeux et avec ses doigts, que l'homme découvre la véritable structure du méat.

Il se peut qu'au début la femme trouve cela désagréable ; il faut alors que l'homme réduise la force de la pression – le plus doux des alizés – et la voilure de la langue – l'extrême pointe suffit. Le plaisir viendra cette fois ou la fois suivante. Toutefois si cette caresse se révèle décidément déplaisante, il faut y renoncer.

Ici aussi, un orgasme surprenant peut couronner le raffinement de l'amant. De toute façon c'est une stimulation qui ne peut qu'accroître l'excitation et donc amplifier la jouissance ou préparer l'orgasme en un autre site.

Et la verge me dites-vous ? Est-ce que la verge tenue à la main peut stimuler le méat ? Le fier dauphin des mers est à l'aise dans les profondeurs mais en surface il est comme l'albatros sur le pont du bateau. Et le méat est une cible trop fine pour que le gros pataud puisse l'agacer. S'il a pu faire frotti-frotta avec le clitoris voisin, il s'avère trop gros et trop gourd pour faire de même avec le bouton urinaire.

Et pendant le coït ? Le fût de la verge, sa base en particulier, ne peut-il pas frotter le méat dans son va-et-vient ? C'est incontestable dans les positions face à face et spécialement celle femme en dessous sur le dos entourant de ses jambes la taille de l'homme, ou encore celle homme en-dessous, la femme le chevauchant et penchée en avant. De toute façon le méat est l'invité ignoré mais incontournable de presque tous les ébats.

L'orgasme de la zone ano-rectale

C'est un lieu dont l'usage érotique paraît plus choquant encore et pourtant il est largement utilisé et de toute éternité par l'Humanité. Actuellement c'est une pratique en plein essor. En 1992, 24 % des femmes (et 30 % des hommes) déclaraient avoir fait l'expérience de la sodomie (Inserm) ; en 2006 c'était 37 % des femmes (et 45 % des hommes) – (Inserm) – Refus des limites, culte de la performance, snobisme ?

Un lieu tabou

Taboue la zone ano-rectale l'est spontanément aux amants en tant que zone où passent et où, pire, stagnent des matières dont l'aspect et l'odeur n'incitent nullement au désir et moins encore aux sentiments. Du reste, dès l'enfance cette zone a été déclarée « sale » et le dressage à « la propreté » constitue l'essentiel de l'éducation.

Taboue cette zone l'avait aussi été décrétée par l'Église pour un tout autre motif : son usage ne pouvait déboucher sur une procréation, or les relations charnelles n'étaient justifiées ou tolérées que si leur but était la reproduction d'un petit chrétien. La sodomie était donc un péché « contre nature », punie des pires châtiments. De cette condamnation, il reste encore quelque chose dans l'inconscient collectif.

Un lieu utilisé depuis la nuit des temps

Toutes les civilisations jusqu'aux plus anciennes font état de l'usage courant de l'anus dans les jeux sexuels. Il apparaît comme une zone érogène classique et universelle ; ce qui ne serait pas le cas si les êtres, et les femmes en particulier, n'y trouvaient d'agréments. De plus la sodomie était un moyen de jouir sans risquer de grossesse. Au Moyen Âge, par exemple, c'était le mode de contraception utilisé par les plus pauvres, contraints de limiter le nombre de bouches à nourrir.

Un lieu érogène

Le lieu est très sensible. La muqueuse ano-rectale est pourvue de nombreuses terminaisons sensitives. L'introduction sans ménagement de doigts ou d'objets provoque des douleurs. Par contre une introduction très douce et après lubrification peut être neutre ou se révéler agréable ou le devenir petit à petit, jusqu'à procurer des plaisirs orgasmiques.

Pourtant, la muqueuse n'est pas pourvue de corpuscules de volupté de Krause, ni de tissus érectiles. Alors comment une telle volupté s'explique-t-elle ?

- Tout endroit du corps justement stimulé dans des circonstances exaltantes peut devenir érogène. Le lobe de l'oreille, par exemple.
- La contiguïté avec le vagin rend la zone ano-rectale apte à l'éroticité. La cloison entre le rectum et le vagin est mince. En stimulant la paroi rectale antérieure, c'est à dire côté vagin, le doigt, le pénis ou l'objet stimulent indirectement le vagin où se trouvent des tissus érectiles et le point érogène P sur la paroi postérieure.
- L'implication des viscères donne aux sensations une coloration « viscérale ». Dans le cas de la pénétration profonde du vagin par le pénis ou les doigts on ne fait qu'ébranler indirectement ces viscères ; dans le cas de la pénétration anale on est dans les viscères. Mais dans les deux cas c'est le même viscère – l'intestin – qui est contacté ; or tout ce qui touche aux tripes éveille des sensations et des émotions particulières. À l'inverse, des émotions profondes donnent des serrements

dans le ventre : *« Ça nous prend aux tripes. »* Plus que viscérales, ces sensations sont vécues avec un mélange inédit de plaisir, d'étrangeté et de bouleversement.

- Il existe des facteurs psychologiques qui élèvent le niveau d'excitation :
  – la transgression que constituent ces caresses excite la femme qui s'y prête et active son imaginaire ;
  – le caractère de don total (et impudique) de son offrande l'émeut considérablement.

Ce que disent les femmes qui aiment

- Les sensations que procure la stimulation de la muqueuse ano-rectale sont très nouvelles, très agréables et très riches.
- Les orgasmes qui surviennent sont très différents des autres, y compris des orgasmes vaginaux, et très forts.
- Le fait d'opérer une transgression est très excitant.
- C'est l'occasion de montrer à son homme à quel point on l'aime. Se livrer à lui ainsi constitue pour nous une grande preuve d'amour.
- C'est l'occasion de s'unir à son homme le plus totalement qui soit, en repoussant les limites de l'intimité, en se sentant quelque peu forcée, sinon dans sa volonté, au moins dans l'enveloppe naturelle de son corps.

En tout cas, ce qui est sûr c'est que la majorité des femmes une fois dépassées leurs appréhensions et à condition d'être stimulées avec art, subtilité et tendresse considèrent que la caresse, sous toutes ses formes, de la muqueuse ano-rectale, constitue un must de l'érotisme.

Les réticences

Spontanément l'utilisation de la zone ano-rectale inspire plutôt de l'appréhension voire de l'angoisse à la plupart des femmes. Les réticences sont de plusieurs ordres.

Il y a la pudeur face à un lieu scatologique qui comporte un risque d'irruption de matières et de gaz. Il y a la peur de la douleur sur le coup et des complications par la suite : persistance de douleurs résiduelles et apparition d'une incontinence anale. À vrai dire ces complications ne surviennent que pour des sodomies brutales et renouvelées trop souvent.

Les précautions

Avant tout il faut se prémunir contre une malencontreuse rencontre avec les fèces. Pour cela la femme – et tout particulièrement si elle est constipée – pratiquera un petit lavement préalable à l'aide d'une poire remplie d'eau tiède additionnée d'une ampoule d'huile de paraffine ; point n'est besoin de recourir au boc. L'homme de son côté s'il est spécialement délicat pourra recourir à des gants dits « chirurgicaux » en ce qui concerne ses doigts, un préservatif en ce qui concerne son pénis et un voile de plastique pour ce qui est de sa bouche. De toute façon, toutes ces caresses ne devraient se donner qu'au sortir du bain ou au sortir de la douche.

Lorsque la relation comporte des risques de transmission d'infections microbiennes ou virales (sida, hépatite) les précautions prises sur un plan « esthétique » seront prises a fortiori sur un plan hygiénique.

L'art de la stimulation ano-rectale

Stimulations digitales

Superficielle la caresse se fait avec un doigt – l'index ou le médius – effleurant la marge de l'anus. Elle fait partie des caresses exquises qui peuvent faire naître quelques murmures de surprise et d'appréciation, voire une brève suspension de la respiration parce que c'est vraiment bon, inattendu et que là, décidément, on aborde le plus intime.

Mais le doigt peut aussi s'introduire dans l'orifice anal puis dans le canal. Il peut d'ailleurs rester dans ce vestibule sans gagner le salon, autrement dit le rectum. Pour entrer, le doigt devra être aimant, doux, progressif, subtil et lubrifié, lubrification qui peut être faite de salive ou d'une pâte à l'eau. Mais la lubrification concernera également la marge de l'anus et ici l'homme ne peut mieux faire que de pratiquer un magnifique anulingus qui ensalivera cette marge autant qu'il la charmera. Mais vous pourriez aussi utiliser une pommade. N'oubliez pas Messieurs de vous couper les ongles courts et de les limer. Comble de prévenance vous pourriez enfiler des gants de chirurgien qui adouciront les contacts côté femme et de votre côté vous épargneront de mauvaises rencontres. Mais pour la sensualité rien ne vaut la main nue.

La femme s'efforcera de se détendre et de relâcher son muscle sphincter de l'anus. Il lui faut s'abandonner. Pour elle, la sensation est forte, la première fois sûrement – mais les suivantes aussi – comme en témoignent ses murmures plaintifs où l'on reconnaît les accents d'une volupté insolite mais accueillie avec amour et une grande envie de plaisir. L'espace est étroit, la muqueuse sensible, le geste intrusif quoi qu'on en dise. C'est fort dans le corps, c'est fort dans la tête. C'est pourquoi dans un premier temps il n'est pas nécessaire de bouger, c'est assez fort comme ça. Alors détendez-vous, dégustez vos sensations et synchronisez vos respirations pour être plus encore en harmonie. La femme offre un très intime cadeau, l'homme lui offre une sensation exceptionnelle. Tout est bien. Ils sont complices, proches, très proches.

Après ce temps d'immobilité, l'homme pourra avec finesse et douceur faire des petits signes de sa phalange, en la pliant et l'étendant subtilement pour caresser délicatement la muqueuse anale. Alors d'autres sensations naissent chez la femme comme l'indique la recrudescence de ses murmures fervents où la gratitude le dispute à l'étonnement.

On pourra, si chacun le souhaite, hisser le doigt au-delà du canal anal et le porter dans l'ampoule rectale : la muqueuse y est douce, soyeuse, agréable au toucher de l'homme ; pour la femme elle est d'une sensibilité particulière, « viscérale », comme chaque fois qu'on aborde les profondeurs du corps féminin. L'espace est vaste et le doigt à l'aise pour caresser de-ci, de-là, en avant, en arrière et sur les côtés. Alors ce sont des psaumes plaintifs qui s'élèvent de la bouche de l'aimée. Ce plaisir est vraiment fort, on ne peut plus viscéral. Il prend vraiment la dame aux tripes. L'homme est ici à l'orée du contenu de son ventre. Il faut s'aimer pour en arriver à cette intimité. Mais inversement cette proximité accroît l'attachement.

Une telle caresse peut constituer toute une séquence érotique : cet après-midi-là ou ce soir-là on fait juste ça. C'est bon, ça rapproche, c'est complet. Savourons-la à la carte. Cette caresse peut aussi faire partie d'un grand jeu érotique : soit en s'intégrant dans des préliminaires, soit en se plaçant à un moment ponctuel et décisif. Par exemple au cours de la caresse des points profonds du vagin où l'ascension du plaisir semble hésiter, une introduction douce mais preste d'une phalange dans le canal anal peut constituer l'estoc décisif qui fait basculer dans l'explosion. Autre exemple : au cours d'une caresse du clitoris où l'orgasme paraît long à venir une titillation de l'anus peut être le supplément d'excitation qui fait jaillir à la cime du plaisir. Bref dans le cours de toute caresse comme au cours du coït, une stimulation de la zone ano-rectale peut être l'appoint idéal d'un élan orgasmique hésitant.

La stimulation buccale ou anulingus

Pour faciliter cette caresse, la femme a le choix entre trois présentations : soit se mettre sur le dos les cuisses et jambes repliées sur elle, ce qui expose magnifiquement son postérieur et le rend accessible ; soit se présenter en position de lionne ; soit s'allonger sur le ventre.

C'est parfois dans le prolongement d'un baiser vulvaire – ou cunnilingus – que la bouche se retrouve sur l'astre anal. Mais elle peut aussi avoir envie de faire cette caresse en dehors de ce contexte, caresse suffisamment raffinée et copieuse pour constituer une séquence à part entière. Enfin la bouche peut être là en mission préparatoire à l'arrivée du seigneur pénien.

La bouche n'atterrira pas tout de go sur l'orifice anal. D'abord elle parsèmera de baisers la surface des fesses, ces mappemondes où l'homme a plus l'habitude de voyager du regard ou de son imaginaire. Puis la langue y tracera quelques léchettes, voire y appliquera quelques larges léchages, pour la plus grande joie du lécheur et de la léchée. Juste hommage à des rondeurs qui hantent tous les rêves des hommes. Alors, l'astre anal sera abordé – astre parce que ses plis radiaires en font un mini-soleil. La bouche y déposera un long baiser, encore faudra-il qu'elle appuie quelque peu car l'objectif est au fond d'une profonde vallée. Mais qu'elle laisse la place à la langue, c'est elle qui va régaler la zone et se régaler. D'abord de son plat elle léchera les versants qui y mènent ; puis se mettant sur sa pointe elle ira taquiner les plis en rayons. Et l'amant de venir à sa rescousse : de ses mains il écarte doucement mais fermement les fesses féminines, mettant la langue à l'aise et lui permettant de s'immiscer au-delà des plis, là où la peau du canal anal se fait muqueuse de soie.

La rencontre de l'exquise pointe linguale avec la douce, chaude, ensalivée et ferme toutefois soierie intime fait partie de ces moments de la vie où l'on ne regrette nullement d'être passé sur cette planète. Le corps et le cerveau de l'aimée vacillent et tanguent sous la houle de volupté, et sa voix entonne quelques notes qui, sans être encore un hymne à la joie pourraient en être les prémices.

NB : n'oublions pas la prophylaxie. Si la partenaire avait contracté une hépatite, il faudrait un film de protection entre langue et muqueuse.

La stimulation avec le pénis ou sodomie

Il faut aborder cette pratique avec une humeur joyeuse, simplicité et tendresse. Après tout c'est aussi un jeu. La position la plus commode est celle de « la lionne », celle de « la cavalière » convient aussi (ici c'est la femme qui procède elle-même à l'intromission). Avant de passer à l'acte, l'homme aura pris soin d'amener la femme à un haut degré d'excitation, voire à lui faire perdre la tête par moult caresses et baisers du corps, du clitoris, etc.

L'homme doit veiller à ne provoquer aucune douleur. Il commencera par une merveille d'anulingus. Puis il introduira un doigt selon les règles de l'art : après une bonne lubrification (salive ou gel), avec tendresse, doucement, progressivement, suspendant son geste à la moindre douleur. Il s'agit pour le doigt de se faire accepter par le sphincter anal, qui est un muscle circulaire très puissant puisque son rôle est de rendre totalement étanche l'orifice – il joue en quelque sorte le rôle du cordon d'une bourse. Il faut donc lui demander de se relâcher au mieux, de se faire souple et élastique afin de laisser passer le pénis en érection. Pour l'instant, l'homme poursuit sa préparation en introduisant toujours avec précaution un second doigt. Le geste est accompagné de mots d'amour, de mots rassurants, de compliments. La femme doit s'appliquer à relâcher son sphincter ainsi que tous les muscles de son corps et son mental aussi.

Quand l'homme sent que l'orifice est desserré, élastifié, il procédera à l'introduction du pénis érigé, enduit de pommade et muni ou pas d'un préservatif ; celui-ci le protégera des infections, si nécessaire, ou des matières éventuellement. Le gland sera intromis doucement ; la chose faite, l'homme observe quelque temps de pause. Puis il enfonce le reste de la verge par petites poussées successives douces, lentes. Malgré la délicatesse de l'aimé, de minimes douleurs peuvent être ressenties par la femme qui pourra les « anesthésier » en se caressant le clitoris ou le point G : le plaisir ressenti endort les sensations désagréables de l'anus. Une fois qu'il s'est planté au fond de la femme, l'homme demeurera sans bouger quelques instants. Puis il mettra en route ses mouvements de va-et-vient de façon douce, progressive, en guettant les réactions de la femme et en s'y adaptant. Des pauses seront faites, exactement comme dans la « caresse intérieure », au cours desquelles l'homme caressera la femme sur toutes ses surfaces, et les deux amants s'entretiendront, je veux dire, converseront.

Le plaisir déclenché par les mouvements du pénis est particulier : fort et de coloration « viscérale ». Ce sont les tripes qui sont en jeu. Les sensations sont profondes, les émotions vives. On sait à quel point est émouvant, bouleversant, impliquant tout ce qui touche « au ventre ».

L'orgasme a cette même tonalité et atteint une intensité qu'une femme n'atteint pas sans être tourneboulée et avoir l'impression de vivre quelque chose d'exceptionnel.

NB : après l'acte sodomique il faut absolument éviter de transférer le pénis du rectum au vagin sous peine de transporter des germes de l'intestin – en particulier le colibacille – dans la vulve et la cavité vaginale et de provoquer vaginite et cystite.

Pourquoi les hommes aiment la sodomie ?

- Son plaisir est plus fort que dans le vagin parce que le canal anal étant plus étroit, le pénis est plus serré.
- Dans la position de la lionne (la plus utilisée ici) il peut contempler et caresser les fesses, prendre les seins, passer ses mains dans le dos, dans les cheveux, embrasser ou mordiller l'échine de la femme.
- L'idée que la femme lui offre « impudiquement » cet endroit intime, l'excite et l'émeut beaucoup. C'est pour lui une preuve d'amour.
- La pensée d'être au plus profond des entrailles féminines lui donne l'impression d'être un mâle puissant.

- La transgression d'un tabou l'excite autant que ça excite la femme.
- Certains hommes, hélas, se réjouissent de supposer qu'ils abaissent et humilient la femme et des désagréments ou douleurs qu'elle pourrait ressentir. Ceux-là ne sont pas dignes de ce cadeau.

De divers objets

Il en est qui introduisent dans l'anus divers objets. Soit des objets ordinaires phalliformes (bougies, manches de toutes sortes, etc.), soit des objets spécialisés (godemiché, vibro). Tant que vous vous sentez sain, et que vous pensez la respecter, allez-y gaiement. Mais si vous sentez que cela nuit à votre sens de la relation sexuelle, à son humanisme, ne passez pas à l'acte.

La sodomie réelle ou instrumentale doit être une possibilité supplémentaire de jeux et de plaisirs ; au service de la variété de la vie sexuelle et donc au service de la prévention de l'usure du désir et du couple. Son usage ne doit pas se banaliser et devenir systématique et encore moins une obligation et une obsession.

Que ressent la femme ?

Quelle que soit la stimulation, le ressenti a les particularités suivantes : les sensations sont « inédites », exceptionnelles, fortes, bouleversantes, de coloration viscérale, profondes, « prenant aux tripes » ; les émotions sont intenses, liées à l'impudeur, à la transgression, au don.

Chapitre VII

DEVENEZ UN EXPERT DES PLAISIRS ORGASMIQUES

LE RESSENTI DE L'ORGASME FÉMININ

Parler du ressenti de l'orgasme chez la femme c'est parler de ce qui peut lui arriver de plus important dans le domaine du plaisir et aussi dans le parcours de sa vie même. Ce plaisir, le plus souvent, la concerne corps et âme.

Pour une même femme ce plaisir varie selon les jours – son état psychique et physique, les circonstances, l'ambiance, etc. – et évolue tout au long de sa vie. D'une femme à l'autre le vécu et les sensations varient à l'infini. S'il y a deux milliards de femmes sur terre, il y aura au moins deux milliards de ressentis différents.

C'est dire qu'il est impossible de décrire tous les orgasmes possibles. Déjà décrire les orgasmes d'une femme est chose difficile car les sensations orgasmiques sont de l'ordre de l'ineffable.

D'emblée je ferai trois remarques.

1. La survenue d'un orgasme n'a rien d'automatique. Il n'existe pas d'orgasme presse-bouton, sauf peut-être au niveau clitoridien. Même les femmes parfaitement éveillées ne jouissent pas sur commande. L'orgasme reste quelque chose d'imprévisible, de fragile, soumis à bien des paramètres : les émotions, les tensions, les conditions, etc. Imprévisible veut aussi dire qu'il peut subvenir de façon inopinée. Mais toujours il est magique, surprend et étonne la femme elle-même.
2. L'orgasme féminin est un don : un don à soi-même et un don à l'autre ; aussi suppose-t-il un abandon total et donc une confiance en l'autre, confiance qui nécessite d'avoir pour lui de l'estime au moins, de l'amour au mieux.
3. L'orgasme ne doit pas être le but unique et obligatoire de tout échange sexuel. On peut ne pas obtenir d'orgasme et être heureuse avec son homme.

La musique orgasmique

Selon l'origine de l'orgasme – le site qui en est le point de départ – les sensations sont différentes. C'est dire si le répertoire orgasmique est varié et que déjà on peut distinguer les musiques clitoridiennes, les musiques vaginales du point G et celles des points profonds, etc. Par ailleurs, chaque orgasme est fait de sensations multiples qui se combinent entre elles selon les jours et se combinent aux sensations périphériques issues de la peau, de la bouche, etc. Si bien que le répertoire s'étend à l'infini et qu'on trouve toutes les compositions possibles de la simple gamme à la munificente symphonie en passant par la sonate, la gavotte et le concerto.

Je vais tenter de décrire les notes et les harmoniques de base ; elles sont de l'ordre du subjectif, du vécu. Je propose de distinguer l'intensité, l'extensité, la modalité ou tonalité, la couleur, la dimension psychique et l'assouvissement.

- **L'intensité** va de l'orgasme doux, tendre, fluide à l'orgasme fort, violent, inouï, séismique, fantastique voire effrayant. Selon Masters et Johnson l'intensité de l'orgasme féminin serait 8 à 10 fois plus fort que l'orgasme masculin. Tirésias, le devin grec, pour avoir connu l'état de femme et l'état d'homme l'avait déjà affirmé.
- **L'extensité ou irradiation** peut être réduite, le plaisir restant local ; et elle peut être vaste, le plaisir s'étendant au-delà du sexe, irradiant dans les cuisses, les jambes, le ventre, gagnant tout le corps, remontant dans le dos jusqu'à la tête.
- **Les modalités** : l'orgasme peut être ressenti et décrit de mille façons.

  – Ce sont des spasmes, des contractions, des vibrations, des pulsations, des battements rythmiques

surgissant par vagues dans le sexe et envahissant le périnée et le ventre.
– C'est une chaleur, un feu qui naît dans le creux, enflamme tout le bassin puis allume chaque parcelle du corps : le ventre et les cuisses, le thorax et les seins, le dos et le crâne, pour finir par embraser tout l'être.
– C'est une lumière, un flot d'étincelles, une étoile filante, un feu d'artifice. Parfois cette lumière est colorée.
– C'est quelque chose qui emporte : un vertige, un tourbillon, une lame de fond surgie du fond de soi.
– C'est quelque chose qui désintègre : une explosion qui éclate le corps en parcelles ; ou une implosion : tout s'effondre à l'intérieur de soi.

- **La dimension psychique** est parfois considérable. Les modifications de conscience sont telles que la notion de temps et d'espace disparaissent, que les limites du corps s'évanouissent. C'est un enchantement, c'est magique, on n'est plus que sensations, on tangente un au-delà, un autre monde.
- **L'assouvissement** fait aussi partie du plaisir suprême. Il y a des orgasmes qui comblent et vous laissent totalement satisfaite, sans plus de besoin. Il suffit d'en avoir un ou deux pour être comblée et ne plus avoir envie d'autres. C'est plutôt le cas des orgasmes vaginaux et plus particulièrement les plus profonds. Inversement il y a des orgasmes qui ne rassasient pas, on a besoin d'autres et d'autres encore. C'est plutôt le cas des orgasmes clitoridiens, dits encore « externes ».

Les orgasmes selon l'organe ou le point érogène

Le sexe féminin est un vaste système érogène fait de tissus érectiles et capteurs sensibles où des zones précises se révèlent éminemment réceptives. Malgré l'indépendance apparente de chaque site, ils sont tous reliés les uns aux autres. Le sexe féminin est une splendide constellation dont l'existence appelle trois réflexions :

- la connaissance de leur richesse érotique devrait remplir les femmes de considération pour elles-mêmes (et les hommes pour elles) ;
- il est vraisemblable que les femmes n'exploitent pas la totalité de leur potentiel orgasmique ;
- même si chaque site peut être stimulé ponctuellement et séparément, le système étant global, le plaisir ultime est souvent ressenti dans la globalité du sexe.

Dans le coït, la globalisation du plaisir va de soi. En effet, même si selon les positions le pénis peut tenter de cibler tel ou tel point, il contacte toujours plusieurs sites à la fois : le clitoris, le méat, les bulbes vestibulaires et l'ensemble des points vaginaux. Les orgasmes provoqués par la verge sont toujours complexes : de véritables compositions symphoniques.

En revanche, avec les doigts, la langue ou un objet de moyen calibre, il est plus facile de stimuler électivement une zone – ce qui n'empêche que toutes les autres zones vont être excitées et turgescentes dans un bel élan de solidarité –, qu'importe, il sera possible d'obtenir des orgasmes simples : de pures sonates. C'est ainsi que l'on peut décrire des orgasmes différents pour chaque site, et véritablement les femmes font bien la différence, par exemple, entre un orgasme clitoridien et un orgasme du point G.

Tout plaisir est bon à prendre

Toute femme détient une capacité orgasmique et cette capacité se révélera un jour, si elle suit mes conseils. Écoutez donc, Messieurs, ce que je dis aux femmes et ce qu'elles disent aussi : soyez sereine mais active, soyez sans crispation mais volontaire. En attendant profitez pleinement de toutes vos sensations. Il y a des plaisirs qui, sans être orgasmiques, sont des délices ; ne faites pas la fine bouche, toute jouissance est bonne à prendre. C'est vrai pour l'autocaresse, pour les caresses de l'aimé et pour le coït. « *J'aime la sensation de pénétration,* dit une femme, *j'aime sentir le pénis glisser en moi, j'aime quand il bouge mais j'aime aussi sa simple présence, immobile.* »

« Ce que j'éprouve quand l'homme est en moi est bon, dit une autre, *déjà ça me comble d'être remplie. » « La pénétration me bouleverse,* s'écrit une autre encore, *j'ai la sensation de vivre intensément car j'ai conscience d'accomplir un rituel qui remonte à la nuit des temps. » « Je n'ai pas d'orgasme explosif mais un état particulier délicieux, voluptueux d'union avec l'homme, graduel et prolongé. »,* confirme une autre.

Par ailleurs, il est des orgasmes qui, sans être explosifs, sont appréciables. Il en est ainsi de ces orgasmes subtils, tout juste perceptibles, qui sont de doux passages dans le plaisir, plaisir qui ne se manifeste pas de façon séismique : c'est un bonheur intense mais intériorisé, profond, prolongé très longtemps.

D'accepter la douceur de vos orgasmes vous permettra d'en profiter mieux. De toute façon, c'est une étape ; en progressant en âge, en multipliant les apprentissages, votre capacité érotique se développera de plus en plus.

La femme doit-elle avoir plusieurs orgasmes ?

Ce don propre à la femme de pouvoir aisément renouveler ses plaisirs suprêmes, tient à l'importance de ses tissus érectiles : si leur intumescence est relativement lente à s'établir, en revanche, une fois installée elle est durable, mieux : elle s'accroît à chaque orgasme. Quant à la détumescence, elle est également lente si bien que le désir de la femme et son aptitude à rebondir vers d'autres orgasmes, persiste longtemps. Et la spirale vertueuse s'élève : chaque orgasme est plus fort et renforce la turgescence. Et les vaisseaux de plus en plus gorgés de sang implorent la femme. C'est ainsi que se crée le besoin pluriel.

Cette capacité correspond-elle à une nécessité ? Les femmes ont-elles besoin de plusieurs orgasmes ? Oui, disent les femmes érotiquement éveillées. « *Le premier orgasme, clitoridien,* écrit une femme, *n'est qu'un début, une mise en route. Les sensations sont de plus en plus agréables, intenses et les orgasmes de plus en plus forts.* » Une autre dit de même à propos de son vagin : « *Le premier commence tout juste à m'exciter. Je sens que je pourrais avoir plus, que je désire plus : une série…* » En général, les femmes qui aiment répéter leur suprême plaisir s'arrêtent à 5 ou 6, ce qui montre que si la femme est insaturable, elle n'est pas insatiable.

Mais, beaucoup de femmes sont d'emblée satisfaites avec un seul orgasme pourvu qu'il soit de qualité. « *J'atteins l'optimum dès le premier. Il faut dire qu'il m'y prépare longuement* dit une femme. *Il me caresse partout longtemps. Mon clitoris, il ne le pousse pas d'un coup au zénith. Il le taquine, arrête, reprend. Alors, quand ça éclate, c'est terrible. Aussi, j'ai mon compte.* » Cela arrive dans les relations sexuelles où la participation émotionnelle est intense, et le vagin bien initié.

La capacité multi-orgasmique de la femme constitue une possibilité, mais elle n'implique pas une obligation absolue et automatique d'enchaîner les orgasmes. C'est à la femme à déterminer le nombre qu'elle souhaite, nombre qui peut être à chaque fois différent. En tout cas, ce n'est pas à l'homme de le décréter.

Longtemps la femme s'est contentée d'un unique orgasme. Pourquoi ? Beaucoup de femmes ignoraient leur capacité plurielle, le poids de la répression interdisant toute expérimentation poussée de leur sexualité. Celles qui la connaissaient n'osaient réclamer plus de plaisir, de peur de passer pour une anormale ou une nymphomane. Et puis l'activité sexuelle de la femme ne pouvait que suivre celle de l'homme, lequel se contente de « tirer son coup », c'est-à-dire de se donner un seul orgasme de soulagement, si bien que la femme croyait qu'il était normal pour tout le monde d'en avoir un seul. De toute façon, aurait-elle désiré plus qu'elle n'aurait pu satisfaire son envie : l'homme ne renouvelle pas facilement son orgasme, nous l'avons dit, assouvi qu'il est et épuisé jusqu'à sombrer dans un profond sommeil. Ainsi va la terrible dissymétrie entre les sexes : l'homme est sorti du jeu quand la femme commence seulement à y entrer. Heureusement la solution existe : la maîtrise de son éjaculation par l'homme.

Amour et orgasme

L'amour exalte le plaisir et le plaisir renforce l'amour. Quand on aime on cherche à donner à l'autre le meilleur plaisir ; l'amour fait agir avec générosité, attention, patience, gentillesse, bienveillance ; l'amour engendre le respect qui engendre la confiance qui engendre l'abandon nécessaire pour livrer à l'autre son intimité ; l'amour donne une envie de partage et même de fusion et c'est dans l'orgasme qu'on atteint cette impression d'unité, de suprême communion. Inversement le plaisir extraordinaire ressenti entraîne une profonde reconnaissance qui nourrit l'amour et la totale fusion obtenue, ne serait-ce qu'un moment, approfondit l'attachement.

Mais il peut y avoir amour sans orgasme et orgasme sans amour. Selon certaines enquêtes, la femme préfère l'amour sans orgasme à l'orgasme sans amour. Mais le rêve c'est de réunir les deux.

Les bienfaits de l'orgasme

Il est important que l'homme connaisse les bienfaits de l'orgasme chez la femme, afin qu'il mette tout son cœur à l'aider à y accéder. Et puis les bienfaits sont les mêmes pour lui.

L'orgasme est un plaisir mais un plaisir tout à fait exceptionnel : son intensité et son extensivité sont extraordinaires, il a des effets importants sur le psychisme et il procure des modifications de conscience remarquables ; en plus il s'obtient le plus souvent avec un partenaire. De là viennent tous ses bienfaits.

La biologie du plaisir

La libération des endomorphines est multipliée par 20 quand l'orgasme survient. Autrement dit, le centre limbique de l'orgasme déverse alors une quantité fabuleuse d'hormones de plaisir dans le cerveau et dans le sang, comme le montre le dosage des endomorphines sanguines. Ces neurohormones ont des vertus tout à fait étonnantes ; outre procurer le plaisir, elles sont euphorisantes, thymoanaleptiques, c'est-à-dire qu'elles stimulent la bonne humeur, tranquillisantes, antistress, psychostimulantes et antidouleur. Psychologiquement c'est la panacée.

La dopamine a des effets semblables, et elle est également libérée en pic à l'instant de l'éclatement orgasmique.

L'ocytocine est l'hormone de l'attachement, elle tisse entre les êtres aimants des liens forts et les maintient ensemble. Sa sécrétion est accrue au moment de l'orgasme mais elle persiste à un bon taux tant que les êtres échangent des gestes et des mots agréables : contacts de toutes sortes, caresses, étreintes, massages.

Bienfaits de l'orgasme pour le couple

Un plaisir tel que l'orgasme, par sa force, par le partage d'une si profonde intimité, par l'état de fusion des deux protagonistes, par les modifications de conscience qu'il apporte ne peut que renforcer l'union de la femme et de l'homme qui le vivent et reconduire leur alliance. S'y ajoute l'action de l'ocytocine, hormone de l'attachement. Sans doute la nature l'a-t-elle voulu ainsi car la cohésion du couple offre les meilleures conditions pour l'élevage des petits et permet ainsi d'assurer la survie de l'espèce.

Bienfaits psychiques de l'orgasme

Les effets psychiques de l'orgasme sont admirables.

- L'effet sédatif : la nervosité et l'énervement s'apaisent ; un état de détente s'installe jusqu'à même induire le sommeil. Ainsi l'orgasme peut avoir un effet hypnogène qui touche plutôt l'homme, ce que déplorent parfois les femmes.

- L'effet tranquillisant ou anxiolytique : l'anxiété, l'angoisse et le stress s'allègent. Le sujet devient plus calme, plus serein.
- L'effet antidépresseur : c'est-à-dire de stimulation de la bonne humeur. Le cafard fait place à une humeur joyeuse, voire à une euphorie.
- L'effet antidouleur : chacun a pu faire l'expérience d'une douleur qui s'évanouit, soit en faisant l'amour, soit en se masturbant (mal de dents, douleurs menstruelles, etc.).

À la base de ces effets on trouve des neurohormones – les endomorphines et la dopamine – et aussi des causes purement psychiques : l'orgasme, quand il est obtenu à deux, est le couronnement d'une alliance entre deux personnes, donc la fin de la solitude radicale qui angoisse les êtres.

L'expansion de conscience

Les modifications psychiques qui se produisent au moment de l'orgasme peuvent nous faire accéder à un niveau de conscience supérieur, ce qui est donné à tout le monde. Il suffit de bien faire l'amour, c'est-à-dire de prendre son temps, d'y investir la totalité de son corps, de s'unir selon « la caresse intérieure », d'y mettre tout son cœur et son âme aussi. Cet état de conscience supérieur est fait d'une exacerbation des sensations, d'un accroissement de la vivance – ou énergie de vie –, d'une impression d'infini et d'éternité, d'amour océanique, de dépassement de notre petit «moi» et d'une reliance à l'univers[1].

Adoucir la condition humaine

La vie des humains est rude, souvent cruelle. Ils sont exposés en permanence à la souffrance, à l'angoisse, à toutes sortes de désagréments et de menaces sans oublier la menace de la mort qui leur est inhérente.

Il leur faut trouver chaque jour le moyen d'adoucir cette condition. Le plaisir en est un. Le plaisir calme l'anxiété liée aux circonstances de la vie, anesthésie les douleurs, récompense les efforts et apaise l'angoisse existentielle.

L'orgasme constitue le plus extraordinaire des plaisirs et donc le plus comblant.

---

1. Voir *Le Traité des orgasmes.*

Chapitre VIII

SOYEZ SEXUEL ET BIEN D'AUTRES CHOSES ENCORE...

Rôle d'un amant

Si l'homme a un grand rôle dans le déclenchement de l'orgasme de sa partenaire, la femme doit de son côté préparer son corps à jouir avec l'homme : le connaître, bien l'entraîner, l'érotiser, fortifier son muscle du bonheur (le pubo-coccygien), etc.[1]

Si la femme est responsable de son orgasme, l'homme, bien entendu peut le favoriser par son art d'aimer : son attitude affective et son talent à

1. Voir *Le Traité des orgasmes.*

lui faire l'amour. Connaître les zones érogènes de la femme, soigner les préliminaires et prolonger la présence de la verge dans le vagin sont l'ABC d'un bon amant. « *Il n'y a pas de femme frigide, il n'y a que des hommes malhabiles* », l'adage reste en partie vrai.

Sachez la charmer

Il était classique de dire que la femme était un être sentimental, voire romantique et qu'il lui fallait aimer, être aimée et courtisée pour faire l'amour. Autrefois, une femme qui faisait l'amour prenait le risque d'une grossesse, donc d'être responsable d'un enfant pour un certain nombre d'années ; il lui fallait pouvoir compter sur la protection d'un compagnon à qui elle serait attachée et qui lui serait attaché ; d'autant plus que cette femme ne disposait pas de ressources propres. Depuis la révolution féminine les femmes ont acquis le contrôle des naissances et des revenus personnels ; elles peuvent dissocier sexualité et sentiment à l'instar de l'homme. En 1992, déjà 35,9 % des femmes déclaraient pouvoir faire l'amour sans amour. En 2006 elles sont 49 % à faire la même déclaration (enquête Inserm).

Toutefois la majorité des femmes ne peuvent faire l'amour avec n'importe qui, n'importe comment. Elles se donnent trop en donnant leur ventre, et souvent leur don leur inspire et inspire à l'autre des états d'âme. C'est pourquoi l'attitude de l'homme, la façon dont il se comporte envers elles, joue un grand rôle : si elles peuvent jouir sans aimer, elles trouvent toutefois plus de bonheur et même de plaisir quand avec l'homme elles partagent une belle relation.

Pour émouvoir et combler une femme :

- Témoignez-lui de l'amour de mille façons. Si vous l'aimez dites-le lui ; trop souvent les hommes « n'avouent pas ».
- Donnez-lui de la tendresse : câlinez-la, choyez-la, faites-lui plaisir, ayez envers elle des attentions. Par exemple, lui prendre la main devant la télévision, au cinéma, en voiture ; lui faire couler un bain, lui masser le cou et les épaules quand elle est fatiguée, lui porter le café au lit, etc.
- Donnez-lui confiance en elle en la complimentant, en l'admirant. En terme psy, on dit « narcissiser », j'aime mieux « caresser l'âme ». Il est important, entre autres, de confirmer son pouvoir de séduction ; elle ne se trouvera sexy que si vous la trouvez sexy et aura d'autant plus facilement un orgasme qu'elle se sentira désirable. En effet, malgré leur pouvoir d'attirance, la plupart des femmes doutent d'elles-mêmes. Alors louez leur visage, leur regard, leurs galbes, leurs seins sans réserve.
- Courtisez-la, soyez courtois, soyez son chevalier servant, pour qu'elle se sente plus que respectée : honorée. Un bouquet de fleurs peut faire mieux que de raffinés préliminaires.
- Écoutez-la, comprenez-la. Car le premier reproche que font les femmes aux hommes, c'est de ne pas les écouter. Une oreille attentive et intéressée ouvre les cœurs et plus si affinités. Je veux dire que lui être attentif peut avoir sur elle un effet

aphrodisiaque.

- Faites-la rire et riez de vous, cela permet le lâcher-prise et situe la relation dans le naturel et l'authenticité.
- Créez une ambiance romantique. La majorité des femmes restent sensibles aux ambiances poétiques ; à vous d'en assembler les notes : le crépuscule ou la nuit étoilée, les bords d'un lac ou une terrasse sur la mer, l'odeur du lilas ou l'arôme du jasmin, Liszt ou Chopin, etc.

Apprenez parfaitement ses points érogènes

Connaître la cartographie érotique de la femme et l'art de stimuler ses zones érogènes vous donne les clefs de son plaisir, la fait entrer dans la jouissance, et peut la mettre sur la voie de l'orgasme. Vous jouerez pour l'enchanter, de vos doigts, de votre bouche, de votre verge avec patience et ferveur.

Soignez les préliminaires

Vous y mettrez toutes les caresses imaginables que vos mains, vos ongles, vos lèvres, votre langue, vos dents, vos cheveux, votre pénis, et toutes les parties de votre corps peuvent offrir. Le but est de faire naître l'excitation et de la faire monter pour la rapprocher du niveau orgasmique. Tout le corps de votre aimée résonnera de désir et principalement son sexe (son clitoris, sa vulve, son vagin) qui entrera en turgescence tandis que s'aiguisent les points érogènes et se lubrifient les muqueuses. À force de croître, l'excitation atteindra le seuil d'explosion.

Les enquêtes montrent une corrélation statistique entre la durée des préludes et le taux d'obtention de l'orgasme. Autrement dit, plus les préludes se prolongent, plus les chances de survenue de l'orgasme augmentent. 21 minutes seraient la bonne durée, mais à chacun d'inventer sa sexualité et de se laisser inspirer.

Certaines femmes entraînées, et donc éveillées, sont capables de jouir très vite, quasiment comme un homme et s'insurgent contre ce précepte de préliminaires indispensables, protestant qu'elles ne sont pas les prétendues sous-développées sexuelles qu'ils supposent. Je ferai observer :

- le fait que la femme ait un temps d'installation de l'intumescence de ses tissus érectiles plus long que celui du mâle, qui bande en quelques secondes, n'est pas une infirmité, au contraire c'est la preuve de la richesse et de l'étendue de ses tissus bien supérieures à l'homme et donc de sa capacité considérable de jouissance. Comme le fait que cette intumescence soit plus lente à se dissiper (30 minutes en moyenne), contrairement à l'homme qui débande en quelques minutes, leur confère une capacité polyorgasmique ;
- une immense majorité de femmes ne sont pas éveillées et ont besoin de préliminaires ;
- les préliminaires constituent une séquence de sensualité extrêmement agréable dont il serait dommage de se passer. C'est une manifestation

d'amour et de tendresse réciproque dont la suppression ramènerait l'acte sexuel à un stade préhumain voire animal, encore que les animaux ont des parades.

Les préludes seront offerts avec art, tendresse, respect, sans mesurer le temps.

Rappelons que les caresses ne doivent pas forcément s'inscrire dans les préludes à une pénétration : on peut aussi pratiquer la « caresse gratuite », sans attention de coïter, par pure sensualité. Le contact entre les peaux, entre les mains et les peaux peut procurer des délices qui confinent à l'euphorie.

Prolongez la présence du pénis dans le vagin

L'homme jouit en une poignée de secondes, la femme en une brassée de minutes. Les statistiques disent 3 à 5 minutes pour l'homme, 13 minutes à 1 heure pour la femme. Cette différence entre le temps de survenue de l'orgasme de l'homme et celui de la femme est dramatique et explique la relative rareté de l'orgasme vaginal chez celle-ci. La courte durée de l'intromission ne permet pas à l'excitation de la femme d'atteindre un niveau orgasmique.

Les enquêtes confirment que plus se prolonge la présence du pénis dans le vagin plus sûrement vient l'orgasme féminin. En allongeant son temps de survenue de l'éjaculation, l'homme va à la rencontre de la femme. Reste à celle-ci à raccourcir son temps en érotisant son vagin. Alors le jour de gloire arrivera : celui de l'harmonie totale entre les deux sexualités.

Pour vous apprendre à maîtriser votre éjaculation je vais décrire une technique précise et applicable par tout homme patient. Je vous prie de ne pas vous décourager trop vite : vous finirez par y arriver.

Rappelez-vous comment vous fonctionnez

Au cours d'une masturbation ou d'une relation sexuelle le cycle du plaisir masculin se déroule en 4 phases.

Phase 1 : la phase d'excitation croissante
La verge en érection est introduite dans le vagin, ou est prise dans la main, et exécute des mouvements de va-et-vient. L'excitation croît, le plaisir croît parallèlement. C'est la courbe ascendante du graphique. Quand l'excitation atteint un certain niveau, le plaisir fuse brusquement à son maximum – son paroxysme – c'est l'orgasme qui s'accompagne d'éjaculation. La courbe décrit alors un pic presque vertical.

Sur la courbe ascendante il est capital que vous remarquiez deux points critiques.

1. Le point A ou point de « difficile retour », dit encore « d'imminence de l'éjaculation ». C'est une phase réversible car si l'homme arrête ses mouvements, l'excitation cesse de croître et l'éjaculation ne se produit pas.
2. Le point B ou point de non-retour. Si l'homme parvenu au point A continue ses mouvements l'excitation croît, atteint le point B et va irrésis-

tiblement et irréversiblement jusqu'à l'orgasme avec éjaculation[1].

Phase 2 : l'orgasme

Si l'homme n'a pas freiné à temps, c'est-à-dire n'a pas contrôlé l'évolution à partir du point A d'imminence, le plaisir paroxystique éclate.

Sur le plan biologique l'orgasme correspond à deux phénomènes.

1. Une série de contractions rythmiques des muscles du périnée et spécialement du pubo-coccygien : une contraction tous les 8/10e de seconde, en tout 5 à 15 contractions s'étalant sur 10 à 15 secondes. C'est le pendant de ce qui se passe chez la femme.
2. Une éjaculation : c'est l'expulsion du sperme contenu dans les voies spermatiques (vésicule séminale, canal éjaculateur, prostate, urètre prostatique) par contraction de ces voies. C'est un réflexe qui, une fois déclenché, ne peut être arrêté par la volonté. Les signes d'imminence du point A correspondent à la mise en tension des voies spermatiques, l'homme peut encore stopper l'évolution ; les débuts de l'orgasme du point B correspondent à la contraction de ces voies, l'homme ne peut plus rien.

NB : le plaisir ressenti vient des contractions des muscles PC et non du passage du sperme dans les conduits, c'est pourquoi le plaisir peut exister sans éjaculation ; c'est ce à quoi vise la maîtrise de l'éja-

1. Voir *L'homme (nouveau) expliqué aux femmes.*

culation et ses applications : la caresse intérieure comme l'érotisme tantriste.

Phase 3 : la phase de détente
Le plaisir décroît, la courbe s'inverse et descend. Le corps s'immobilise.

Phase 4 : la phase réfractaire
Le plaisir revient à la ligne zéro, mais il demeure une certaine euphorie qui, hélas, dans la façon habituelle des Occidentaux de faire l'amour en se déchaînant et en éjaculant à tous les coups, fait rapidement place à une lassitude mâtinée de mélancolie associée à un affaissement du désir et à un étiolement de l'érection. Aussi les hommes ne sont pas très chauds pour repartir pour un deuxième et un troisième tour à la suite, sauf exceptions. Et la femme qui n'a pas eu le temps de jouir reste sur le carreau.

Comment contrôler l'éjaculation ?

Il faut repérer les signes d'imminence de l'orgasme qui se situent autour du point A (point d'imminence) et se ressentent comme un plaisir soudain et aigu à la racine de la verge (il correspond à la mise en tension des voies spermatiques et des muscles PC). Par ailleurs, la verge se raidira plus encore. Dès que l'homme ressent ces signes, il déclenche instantanément le plan « maîtrise ».

- Suspendre tout mouvement.
- Retirer la verge de la moitié de sa longueur.
- Contracter les muscles du périnée et spécialement

le PC. Pour cela : serrez les fesses, serrez l'anus, fermez la vessie (faites comme si vous vous reteniez de faire pipi).

- Se centrer sur sa respiration : inspirer profondément par le nez en remplissant d'air l'abdomen jusqu'au bas-ventre ; bloquer alors l'inspiration en fermant la glotte pendant quelques secondes. Puis relâchez l'air brusquement en expirant par la bouche.
- Utilisez de petites astuces : serrer les paupières, presser la langue repliée sur le palais.
- Réduire l'excitation cérébrale en détournant sa pensée des images excitantes (la vue de votre aimée, ou une scène imaginaire).

Le plan doit être maintenu au moins 100 secondes.

Il est bon que la femme connaisse aussi certains signes d'imminence, ainsi elle pourra participer au contrôle de l'éjaculation. C'est une accélération et une intensification des mouvements du mâle qui deviennent frénétiques, une accélération de sa respiration qui par ailleurs devient bruyante, des manifestations vocales de plaisir atteignant une grande intensité (mots, onomatopées, murmures, cris, quoique beaucoup d'hommes ont le plaisir muet), un courant « électrique » qui parcourt le corps masculin, un raidissement de ce corps qui brusquement s'immobilise. Un autre signe ne se distingue bien qu'au cours de la masturbation (par l'homme lui-même ou par sa compagne) c'est l'ascension de l'ensemble bourses-testicules, avec une hypersensibilité des testicules.

Ces signes étant repérés, il faut à la femme réagir aussitôt :

- elle doit stopper immédiatement ses mouvements et toute manifestation d'excitation et de plaisir (cris, mimiques...),
- si elle est en position supérieure (position d'Andromaque, par exemple), elle doit se soulever un peu pour ne laisser que la moitié de la verge dans son vagin. Mais attention à ne pas la faire sortir.

Les partenaires pourraient aussi s'entraîner au contrôle de l'éjaculation par la masturbation de l'homme : soit l'homme se masturbe et commente ce qu'il ressent, soit la femme le masturbe et note ce qui se passe. Il s'agit pour l'un et pour l'autre d'apprendre à repérer les signes annonciateurs et alors de stopper la masturbation avant que ne survienne l'éjaculation.

Enfin d'autres « trucs » peuvent vous aider à acquérir la maîtrise de l'éjaculation.

- La compression du périnée par l'homme lui-même ou par la femme : appuyez et pressez fortement avec l'index et le majeur sur le périnée sous lequel passe la racine de la verge contenant elle-même l'urètre. En même temps l'homme pratiquera une profonde inspiration.
- La compression du gland par l'homme lui-même ou par la femme : l'homme retire complètement la verge du vagin et il ou elle, serre fortement la couronne du gland dans l'anneau formé par le pouce et l'index. Le danger passé, la verge est à nouveau

introduite dans le fourreau vaginal.

Comment réaliser « la caresse intérieure »

Tout art s'apprend, la musique comme la peinture, pourquoi pas l'art érotique ?

Vous possédez la maîtrise de l'éjaculation, maintenant il faut l'intégrer dans cette super composition qui s'appelle « la caresse intérieure » depuis la parution du *Traité des caresses* : la relation sexuelle est réalisée comme une longue caresse que le pénis donne au vagin et réciproquement.

Les amants, quelles que soient les positions empruntées, alternent des phases de mouvement et des phases d'immobilité ou pauses. Dans les phases de mouvement l'homme ne se contente pas d'un va-et-vient banal, il le module : tantôt il pratique des pénétrations profondes, tantôt des pénétrations superficielles – le bon rythme étant une profonde pour 3, 5 ou 9 superficielles –, parfois il enfonce sa verge selon un axe vers l'avant, d'autre fois vers le haut ou vers l'arrière – il peut même dessiner des 8 et alors exécuter une sorte de danse qui régale tous les points érogènes de Madame ; il peut aussi varier le tempo, plus vite puis plus lentement, la bonne alternance est de 3 mouvements rapides pour 6 lents. De toute façon évitez les rythmes effrénés qui risquent de précipiter l'excitation vers l'orgasme et qui ne sont pas dans l'esprit de la caresse intérieure.

Pendant la phase de mobilité, l'homme doit conduire son étalon avec vigilance et veiller à lui reprendre la main à temps. Pendant cette même phase, la femme sera également active, bougeant à l'envie son bassin, en particulier.

Les pauses se font quand survient l'imminence d'une éjaculation ou bien quand les amants le souhaitent. Au cours de ces pauses, ils se regardent, voire se contemplent avec ferveur, se parlent avec tendresse ou de façon coquine, se caressent, se pétrissent, s'embrassent, se mordillent.

Les avantages fabuleux de la caresse intérieure

Si la caresse intérieure offre à la femme des plaisirs suprêmes, elle accroît aussi formidablement ceux de l'homme.

Elle prolonge le plaisir masculin

Le plaisir qu'engendrent les mouvements du pénis dans le vagin et du vagin sur le pénis passe de quelques minutes à 30 minutes voire une heure, 3 heures et plus.

Elle majore le plaisir masculin

Le plaisir devient de plus en plus exquis : en effet à se contacter et à se frotter longtemps les muqueuses sexuelles deviennent de plus en plus sensibles et donc les sensations de plus en plus aiguës et subtiles. En plus de cet « affûtement » il se produit une « magnétisation » des muqueuses qui rend leur surface « électrique » donc jouissive en diable et très

« attractive » : les muqueuses s'attirent et s'accolent étroitement. Enfin, le contact prolongé entraîne une congruence c'est-à-dire un ajustement parfait entre vagin et pénis, quelle que soit leur taille respective au départ : le prolongement de l'excitation entraîne un maximum d'intumescence des tissus érectiles qui alors se moulent l'un sur l'autre.

Elle amplifie l'orgasme masculin

L'orgasme quand il survient est plus intense qu'habituellement, tant chez la femme que chez l'homme, en raison du haut niveau d'excitation qu'a produit le très long contact entre les sexes. En plus de l'augmentation de l'intensité il y a un accroissement de la capacité à multiplier les orgasmes : chez la femme qui n'a pas de phase réfractaire, c'est naturellement possible ; chez l'homme cela devient possible puisque, maîtrisant son éjaculation, il élimine sa phase réfractaire : il ressent une forme d'orgasme qui ne s'accompagne pas de jaillissement de sperme. Mais s'il veut il pourra, à la fin d'une séquence de caresse intérieure, éjaculer de temps en temps. Selon l'âge il est conseillé d'éjaculer 1 fois sur 5 relations quand on est jeune puis d'espacer toutes les 7 ou 10 relations. L'éjaculation qui couronne une séance de caresse intérieure est d'une volupté fantastique compte tenu de la colossale excitation des muqueuses et des circuits nerveux.

Elle procure un plaisir de connivence

Lors des interludes l'homme immobile, bien présent à ses sensations, prend parfaitement conscience de ce que son sexe ressent : la chaleur du vagin, son enveloppement, le magnétisme qui passe entre vagin et pénis. Il ressent aussi – ô divine surprise – les petits signes que, taquine, la femme lui fait en contractant son muscle constricteur de la vulve et son pubo-coccygien. Et l'homme alors de lui répondre sur le même ton en faisant bouger son pénis grâce au muscle bulbo-spongieux et ischio-caverneux, doux frétillements qui mettent son aimée « aux anges ».

Autre plaisir accru : celui de la tension du pénis. Plus on prolonge une séquence de caresse intérieure, plus l'érection se renforce. Les sensations qui proviennent de cette verge tendue au maximum, rigide à se verticaliser, dure comme du fer sont extrêmement agréables à l'homme et lui donnent une impression réconfortante et flatteuse de puissance virile. Du reste, à la longue, la caresse intérieure va réellement renforcer la puissance de la verge : ses dimensions, l'intensité de la turgescence et sa durabilité.

Elle permet de multiplier les caresses

Pendant les pauses, toutes sortes de caresses s'échangent entre les aimants. Entre leurs sexes, entre leurs mains et les diverses zones érogènes, entre leurs mains et toutes les parties du corps.

Bien qu'immobiles les sexes, parce qu'ils sont en étroite union, continuent de se transmettre des signaux, de se donner des excitations réciproques. Je ne parle pas seulement des micro-contractions du vagin sur le pénis ou des micromouvements du pénis sur les parois vaginales mais de toute une série de micromanifestations tout juste perceptibles qu'on les dirait chuchotées et qui éveillent des sensations ultra douces, très intériorisées : incandescence, échanges d'électricité, battements de sang, vibrations, lancinements.

De plus, pendant les interludes les mains sont libres et peuvent aller semer ou cueillir des voluptés ou simplement des tendresses sur toute la surface du corps, dans l'un ou l'autre des trois cercles. Caresser le visage de la femme aimée ou de l'homme aimé en l'envisageant du regard et en plongeant son regard dans le sien tandis que les sexes sont étroitement unis est de la plus grande tendresse. Caresser ses épaules, ses seins, ses hanches est d'autant plus voluptueux que sous l'effet du plaisir irradié des sexes, leur peau est devenue éminemment sensible, hyperesthésiée, comme la peau des mains devenue également ultrasensible. Les peaux sont comme « magnétiques » si bien qu'elles s'attirent irrésistiblement et se collent l'une à l'autre quand elles se touchent.

Aller flâner dans le premier cercle va déclencher des plaisirs très forts car là on est au marché des sexes et la zone est particulièrement congestionnée et donc plus encore sensibilisée. Effleurer, taquiner une marge de l'anus mise en appétit ravit le bénéficiaire. Passer un doigt et titiller le clitoris outrancièrement à vif et à vide procure des envols de délices à remplir les ciels de lit.

Tous les sens, ai-je dit, sont en éveil, leurs capteurs grands ouverts et ils perçoivent ce qu'ils ne perçoivent pas d'habitude. La peau, nous l'avons vu, a sa sensibilité exacerbée. L'ouïe, maintenant, entend le moindre souffle, le moindre soupir de plaisir, de bonheur, d'amour avant même qu'il se fasse mot, l'ouïe maintenant entend le langage intérieur. La vue elle, plus claire à en être clairvoyante, parcourt et développe le corps et le visage de l'aimé(e), les pénètre, les devine, les approuve, les remercie, les admire. Il faut dire que le corps, et plus particulièrement le visage, irradie de félicité et d'amour. Le visage est diaphane et les yeux sont d'une beauté infinie, d'une profondeur et d'une transparence à y voir passer l'âme.

Elle recharge l'énergie vitale

Le contact intime des corps et des sexes, les sensations de plaisir, la libération des neurohormones associées à l'amour et à la tendresse et tout cela de façon prolongée produisent une recharge énergétique magique qui se traduit par un regain de vitalité, une bonne humeur, une félicité.

La revitalisation liée à la caresse intérieure entraîne un effet de rajeunissement. D'où la bonne santé et la longévité des êtres qui font l'amour de cette façon. Les Orientaux (tantristes, taoïstes, etc.) l'avaient constaté il y a plusieurs millénaires.

Elle éternise le désir

Chez l'homme, après l'orgasme avec éjaculation, le désir diminue, voire s'effondre, en raison de la phase réfractaire. Dans la caresse intérieure, compte tenu de l'absence de cette phase, le désir persiste. Chez la femme il est habituel que le désir demeure puisque naturellement elle ne connaît pas de phase réfractaire.

Ainsi nous avons ici deux amants qui continuent de se désirer, de se dispenser caresses, baisers et étreintes ; ils demeurent pleins d'attentions et de tendresse pour l'autre. C'est un désir profond mais doux, qui les porte et les rapproche mais ne les « travaille » pas.

Elle approfondit l'attachement

La conjonction prolongée entraîne la fusion des chairs, des cœurs et des âmes. On est encore plus amoureux après, l'attachement s'est renforcé. On reste attirants et attirés, accordés et unis, heureux, ardents et toujours caressants, même dans les heures et les jours qui suivent. L'état de grâce va bien au-delà du lit.

Sous cet attachement, il y a une profonde reconnaissance et la neurohormone de l'attachement : l'ocytocine, qui a été déversée généreusement pendant la caresse intérieure et qui continue de l'être sous l'effet des contacts et des baisers que se dispensent les aimants par la suite.

Elle magnétise les corps et les êtres

Les caresses, les baisers, tous les contacts prolongés entre les corps et les sexes entraînent une magnétisation de la surface du corps : on a l'impression que les parties du corps de l'un attirent des parties du corps de l'autre et que ces parties s'accolent, se collent, comme si elles étaient aimantées. On a aussi l'impression qu'un courant électrique passe d'un corps à l'autre. C'est particulièrement vrai entre le vagin et le pénis, comme on l'a vu. Cette magnétisation participe à la puissance érogène.

Ce magnétisme attache les êtres physiquement comme l'amour les attache psychologiquement.

Elle élève l'état de conscience
La caresse intérieure permettra d'atteindre une plus grande communion avec son partenaire et d'accéder plus facilement à des états de conscience élevés qui relèvent de l'enchantement et qui expriment le lyrisme de la chair.

Intérêts divers de la caresse intérieure
Elle évite la contraception (pilule, stérilet) et prévient l'adultère et le divorce en comblant les deux partenaires.

Tous les bienfaits de la caresse intérieure devraient convaincre les hommes de s'y mettre. Et au lieu de penser que pour la réaliser il faille faire des efforts d'abnégation (apprendre la maîtrise de l'éjaculation) – ils devraient penser plutôt qu'ils se préparent des voluptés supérieures et de durée illimitée.

RÔLE DES DEUX PARTENAIRES

Les positions les plus favorables

Certaines positions procurent à la femme plus de plaisir que d'autres et sont donc plus propices à lui déclencher un orgasme. Mais en réalité chaque femme a ses préférences en fonction de ses habitudes, de sa conformation anatomique, etc.

J'ai demandé à 210 femmes âgées de 30 à 60 ans de classer les positions les plus aptes à leur procurer un orgasme par intromission.

La 1ère : la position de la cavalière

La femme est au-dessus de l'homme, soit à califourchon les genoux sur le lit, soit accroupie les pieds à plat sur le lit. Elle effectue des mouvements de haut en bas et vice versa.

Avantages pour la femme

- Elle peut commander la « manœuvre » : le rythme, la profondeur de l'introduction du pénis, sa direction : vers le fond (descendre son corps verticalement), vers le point G (se pencher en arrière), vers le point P (se pencher en avant). En position accroupie elle mène le gland tout droit sur le col.
- Elle peut stimuler aisément son clitoris (son amant le peut aussi mais moins facilement).
- Elle peut voir le visage de son amant, son regard aimant, pétillant et complice, son plaisir.
- Elle peut se faire caresser hardiment les seins par son amant : malaxer, tordre, tirer et tourner les tétons (avec modération).
- Elle peut se pencher sur lui pour embrasser ses lèvres et se faire mordre le lobule de l'oreille, ce qui peut déclencher un orgasme.
- Elle sent la verge de son amant se tendre puissamment à la vue de ses seins qui dansent, de ses rondes épaules se découpant dans le ciel de lit, de la déhiscence de sa taille, de l'amphore de ses hanches. Et se tendre quand il presse ses seins, empaume sa taille, saisit ses hanches et ses fesses et en suit le tempo. Et se tendre encore, quand de ses yeux il voit sa verge entrer et sortir du vagin

féminin.

La 2e : la même position de la cavalière mais la femme tournant le dos à l'homme

Elle est à genoux ou accroupie, elle tient les pieds de l'homme.

Avantages pour la femme

- Elle commande la manœuvre
- Elle peut se stimuler le clitoris
- Elle peut se faire caresser les fesses, l'anus, le dos.

La 3e : la position du missionnaire dans une première variante

La femme est couchée sur le dos, un coussin sous les fesses. L'homme est à genoux entre ses cuisses écartées. La femme lève les jambes et les place autour de la taille de l'homme.

Avantages pour la femme

- L'introduction du pénis est profonde et atteint le col de l'utérus.
- Au passage, le point G est impacté.
- La femme a accès à son clitoris.

La 4e : la position du missionnaire dans une deuxième variante

La femme est couchée sur le dos, un coussin sous les fesses. L'homme est à genoux entre les cuisses de la femme. La femme a les jambes à demi-pliées, ses talons sur le lit.

Avantages pour la femme

- Si l'homme remonte sur le pubis de la femme, la racine de son pénis va frotter le clitoris.
- La femme a accès à son clitoris.

La 5ᵉ : la position de la lionne (ou levrette)
Deux variantes : dos rond ou dos creusé.

Avantages pour la femme
- Pénétration profonde du pénis impactant le col utérin et les culs-de-sac vaginaux.
- Contact avec le point G (face antérieure du vagin) si dos droit. Avec le point P (face postérieure du vagin) si dos creusé.
- Accès au clitoris pour la femme et pour l'homme.
- Caresse des fesses et du dos par l'homme.
- Baisers et morsures du dos et de la nuque par l'homme.

La 6ᵉ : la position du missionnaire dans une troisième variante
Ici la femme lève les jambes jusqu'à poser ses talons sur les épaules de l'homme.

Avantages pour la femme
- L'introduction du pénis est profonde impactant col et cul-de-sac. Mais l'accès au clitoris est impossible.

Une position – celle du lotus – n'était pas dans la liste proposée parce que peu de femmes la pratiquent. C'est une position tantrique. Pourtant elle offre des voluptés exceptionnelles. L'homme étant en lotus, la femme en lotus sur les cuisses de l'homme, autrement dit elle est à califourchon sur lui, ses fesses posant sur les cuisses masculines et ses propres cuisses et jambes enserrant le bassin masculin. Les bras de chacun entourent en liane le dos de l'autre. Le vagin de la femme est ouvert, le pénis en érection réduite ne pénètre que les premiers centimètres mais cela suffit ; mais il peut aussi être en érection maximum et atteindre le col. Les mouvements sont modérés voire nuls.

Les jouets érotiques

Ils sont vieux comme l'humanité puisqu'ils existaient dès la préhistoire.

Actuellement leur usage augmente considérablement. Une enquête dans une école de journalisme a révélé que 80 % des étudiantes en usaient. Leur vente a progressé de 30 % depuis 2 ans.

Avantages

- Obtenir un orgasme clitoridien ou vaginal. Le jouet est particulièrement apprécié des femmes sans partenaire ou des femmes dont le partenaire n'a pu leur procurer un orgasme.
- Apaiser une tension nerveuse ou de l'angoisse.
- Entraîner les femmes à l'orgasme en érotisant leur vagin.

Inconvénients

- C'est un objet, c'est froid, ça sent le plastique,

bref c'est pas vivant.

- Il manque l'homme, ses bras, sa chaleur, ses mouvements, son affection.
- Possibilité d'addiction.

L'homme et le jouet

- Il craint que la femme se passe de lui. Il est vrai que beaucoup de femmes disent que le jouet leur donne des plaisirs plus forts. L'homme n'a qu'à faire des progrès et devenir meilleur que l'objet. Il peut aussi se servir de l'objet. En vérité l'homme apporte plus qu'un objet, on vient de le dire : ses bras, ses mains, ses caresses, ses baisers et sa tendresse.

Hygiène

Les accessoires doivent faire l'objet de soins d'hygiène rigoureux sous peine d'infections locales (vaginite, cystite, etc.) et même de contaminations générales.

- Il ne faut pas utiliser le même accessoire pour le vagin et l'anus.
- Il faut les savonner avec un savon antibactérien.
- Il faudrait enfiler un préservatif sur la partie que l'on introduit dans le vagin ou l'anus.

Chapitre IX

FACE AUX BELLES ENDORMIES...

LA FRIGIDITÉ EXISTE-T-ELLE ?

Si l'on se réfère au sens commun, une femme frigide c'est tantôt une femme qui n'a jamais envie de plaisir, tantôt une femme qui n'éprouve pas de plaisir ou qui en éprouve mais ne va pas jusqu'à l'orgasme.

Un terme ambigu

La frigidité est un terme ambigu qui désigne ou l'absence de désir ou l'absence de plaisir ou l'absence d'orgasme. Il est donc nécessaire d'utiliser des mots plus précis : pour l'absence de désir il faut dire : « anaphrodisie », pour l'absence d'orgasme « anorgasmie », et pour l'absence de plaisir érotique simple (caresses, baisers, etc.) on pourrait conserver le terme frigidité.

En ce qui concerne l'anorgasmie il faudrait distinguer l'anorgasmie clitoridienne et l'anorgasmie vaginale puisque clitoris et vagin sont les deux sources des principaux orgasmes que la femme différencie bien. Il faudrait du reste ne plus dire d'une femme qu'elle est « anorgasmique » mais « préorgasmique » car une femme qui ne jouit pas à 20 ans pourra jouir à 22, et une femme qui ne jouit pas avec Paul pourra jouir avec Jacques.

Enfin, il faut distinguer l'anorgasmie primaire et l'anorgasmie secondaire. Dans le premier cas la femme n'a jamais eu d'orgasme dès ses premières relations sexuelles. Dans le second la femme a joui dans un premier temps puis a cessé de le faire ensuite. Explication : dans ce premier temps le vertige de l'état amoureux l'avait emporté sur les blocages, ultérieurement l'emballement des sentiments se calmant, les névroses reprennent le dessus.

Un terme injuste

Trop souvent on dit qu'une femme est frigide parce qu'elle ne jouit pas de son vagin quand l'homme la pénètre. C'est injuste car cette femme jouit facilement de son clitoris et de tous les autres endroits de son corps, voire même de son vagin, par ses propres autocaresses.

« *Comme je ne jouis pas dans les deux minutes qu'il faut à mon mari pour éjaculer, il dit que je suis frigide. Quand est-ce que les hommes, au lieu de dire qu'on est trop lentes, reconnaîtront qu'ils sont trop rapides ? Je ne suis pas frigide puisqu'en me caressant j'ai des orgasmes.* »

Un terme infamant

L'absence d'orgasme vaginal par coït constitue une tare honteuse depuis que Freud a décrété que seul cet orgasme était valable et digne d'une vraie femme, une femme mature et saine, et que l'orgasme clitoridien était une forme dégradée, inférieure, propre aux femmes immatures voire névrosées.

« *Je me sens imparfaitement femme car je ne jouis que de mon clitoris. Je me sens anormale. Je suis en dessous de tout, je me déteste.* »

Si Freud a donné la prépondérance au vagin c'est en digne représentant du Patriarcat, cette ère de la domination de l'homme dont on sort, fort heureusement, aujourd'hui.

Lui et les hommes d'autrefois ne juraient que par le vagin pour les raisons suivantes.

- Par phallocentrisme : le phallus érigé étant devenu l'emblème du sexe supérieur, le lieu où il pouvait se loger naturellement était donc le seul valable : la cavité vaginale.
- Par souci de la reproduction : le vagin est le lieu de la reproduction et de la multiplication du groupe que dirigent les hommes. La survie et la prospérité de ce groupe sont donc liées au vagin.
- Par peur du désir et du plaisir féminin : le vagin

tant qu'il n'est pas éveillé n'est pas le siège de besoin de la part de la femme ; et quand il s'éveille, seul l'homme peut le satisfaire (et non la femme), tout en le contrôlant. On sait combien les hommes du patriarcat redoutent le plaisir féminin dont il fait une menace pour son autorité[1].

- Par peur du clitoris : grâce à celui-ci les femmes peuvent s'accorder par elles-mêmes bien des plaisirs jusqu'à l'orgasme ; cette autonomie indispose l'homme ; et cette possibilité supplémentaire de plaisir les rend jaloux. En plus, les voluptés clitoridiennes font de la femme un être très doué pour le sexe, ce qui risque par convoitise et rivalité de créer des désordres dans la société.

La frigidité obligatoire

Pendant presque deux millénaires, l'Église, constituée de mâles célibataires, misogynes par « mâle-peur », avait interdit à la femme d'accéder au plaisir, sauf au cours de brèves périodes où les clercs suivant Hippocrate avaient cru qu'elle devait jouir pour procréer. À force d'être réprimées et couvertes d'opprobre, les femmes avaient enfoui leur besoin de plaisir jusqu'à croire elles-mêmes qu'elles étaient frigides et que c'était bien ainsi.

---

1. Voir *De la peur à l'amour*.

La frigidité interdite
Le terrorisme de l'orgasme

Les choses se sont inversées. D'interdit, l'orgasme est devenu une obligation depuis l'avènement de la sexologie et la révolte féministe. Ce qui était une vertu – l'absence d'orgasme – est devenu une tare. Pour être une vraie femme, une femme normale et une bonne amante, il faut orgasmer et orgasmer de toutes les façons (par le clitoris, par le vagin, etc.) et à chaque relation sexuelle ou à chaque masturbation. Et le piège de se refermer sur l'homme aussi : pour être considéré comme un bon amant, il faut que sa partenaire atteigne le zénith à tous les coups.

Les conséquences d'un tel terrorisme sont considérables. La femme qui n'accède pas à l'orgasme se sent dévalorisée dans sa sexualité et dans sa féminité même ; elle n'est pas, croit-elle, pleinement femme, une femme épanouie. De plus, elle souffre de ne pas connaître ce plaisir qu'on dit si extraordinaire et si bénéfique. Enfin, elle redoute d'être sous-estimée par son partenaire et, qui sait ? abandonnée. La tentation de simuler l'orgasme est grand.

Quant à l'homme dont la partenaire ne jouit pas à chaque fois, il pourra se croire piètre amant. Ne dit-on pas qu'il n'y a pas de femmes frigides, qu'il n'y a que des hommes malhabiles ? Et le voilà lui aussi dévalorisé. Comme si sa virilité ne dépendait que de sa capacité à déclencher l'orgasme de sa compagne sans que celle-ci en soit responsable. Bien que l'homme ait un rôle à jouer, la compagne est aussi partie prenante des réactions de son propre corps, comme nous l'avons exposé.

Cependant c'est l'homme qui a fait de l'orgasme une obligation. Dans sa volonté de faire jouir sa partenaire, il y a certes une intention généreuse, mais il y a aussi des motivations égoïstes : l'homme veut l'orgasme de la femme comme confirmation de sa virilité et de son talent érotique. Il n'est un « vrai » homme que s'il a une « vraie » femme. La « frigidité » de sa partenaire remettrait en cause ses capacités viriles et son savoir-faire. Car pour l'homme, est « frigide » la femme qui ne jouit pas par la grâce de son pénis au cours du coït. Lui-même ne se sent viril que si c'est son pénis qui déclenche l'acmé. Seul l'orgasme féminin par coït le valorise et promeut la femme.

Ce terrorisme de l'orgasme, qui fait du droit de la femme à jouir une obligation, transforme chaque rapprochement sexuel en challenge. Il devient une recherche obsessionnelle d'une jouissance maximale à travers une série de performances.

Au total

Le couple lui-même est en danger. La femme frustrée d'orgasme peut avoir tendance à reprocher son insatisfaction à son partenaire ; d'autant que l'orgasme raté implose et met la femme de mauvaise humeur ; la rend triste, anxieuse et irritable, sans oublier les douleurs qui apparaissent dans son bassin, dans son dos, dans sa tête. L'homme, lui, déçu, pourra lui reprocher d'être « frigide ». Lorsqu'on n'est pas content de soi, on s'en prend à l'autre. Les déceptions et les mauvaises humeurs inspirent des mots aigres. Les conflits apparaissent et se multiplient. Une opposition s'installe en permanence. Si une solution n'intervient pas, l'avenir du couple est compromis. On comprend que beaucoup de femmes préfèrent simuler.

Messieurs, je vous en supplie, cessez vos pressions plus ou moins implicites. Caressez vos femmes « par plaisir » et « pour le plaisir », non pour l'orgasme : il viendra de surcroît. En revanche, soyez certains que si vous maintenez votre pression, vous aurez entre les bras une femme malheureuse ou pire une simulatrice, c'est-à-dire personne.

Faire quand même le maximum

Cela étant dit, il est vrai que l'homme doit tout faire pour permettre à sa partenaire d'éprouver un optimum de plaisir, jusqu'à atteindre l'orgasme quand elle le souhaite. Mais il doit agir pour elle, par générosité et pas pour lui, par vanité. Il ne doit pas exiger. Tout faire, c'est pratiquer dans l'excellence les caresses, les gestes et les mouvements susceptibles de procurer du plaisir à son aimée, en étant très attentif à son ressenti.

Les causes de l'absence d'orgasme chez la femme

Il est bon que les hommes connaissent, pour l'essentiel, les raisons qui empêchent trop de femmes d'accéder à l'orgasme. Ainsi, ils pourront les comprendre et les aider. Parmi ces causes, on trouve les suivantes.

- Des blocages psychiques : une éducation très répressive de la sexualité, un ou plusieurs traumatismes sexuels, le manque d'estime de soi, l'anxiété, la dépression, le surmenage.
- Des problèmes de santé : les affections et infections gynécologiques qui provoquent des douleurs, et les suites ou complications d'accouchement. En ce qui concerne l'hystérectomie, elle n'altère d'aucune façon l'activité sexuelle, contrairement à l'idée erronée qu'on s'en fait. De même, la ménopause ne nuit nullement à la capacité érotique, au contraire.
- Des affections générales : certaines maladies de cœur ou respiratoires, certains rhumatismes graves, etc., peuvent limiter l'activité physique. Mais les caresses et les unions douces peuvent se donner et procurer d'appréciables bienfaits.

Bien entendu, chacune de ces pathologies sera traitée de façon à rendre possible une heureuse vie sexuelle : par la psychothérapie, par des soins gynécologiques, par des traitements cardiologiques, etc.

Soyons honnête

Nous, les hommes, devons nous interroger humblement et honnêtement sur la qualité de nos prestations érotiques lorsqu'une partenaire n'atteint pas un bon niveau de plaisir. Il ne s'agit pas de se culpabiliser mais de se responsabiliser.

Interrogeons-nous, écoutons notre compagne : sommes-nous assez attentionnés et fervents dans nos caresses ? Donnons-nous assez de temps aux préliminaires ? Faisons-nous durer suffisamment l'union ? Sommes-nous assez imaginatifs et variés ? Avons-nous consulté un sexologue si nous sommes atteints d'éjaculation prématurée ou de panne d'érection ? Trop souvent les hommes rechignent à consulter et traînent indéfiniment des troubles qui les empêchent de donner du plaisir à leur partenaire et d'avoir eux-mêmes une meilleure jouissance.

Mais pour combler une femme, il ne suffit pas d'être excellent en matière d'érotisme, il faut aussi être aimant, ou au moins tendre avec elle, être respectueux, savoir l'écouter et la comprendre, savoir la complimenter. La domination, la colère, la dévalorisation, la violence sont contraires à l'accès à l'orgasme. De même le terrorisme qui contraint la femme à avoir un orgasme à tous les coups, si j'ose dire.

La mésentente conjugale

La mésentente conjugale et les conflits qu'elle génère ne favorisent pas l'orgasme : la tension permanente, l'anxiété, le ressentiment et l'absence de communication sont autant d'obstacles. Impossible d'être en confiance, de se laisser aller, de demander ce qui plaît. Au contraire, la sexualité – l'acceptation de l'acte, l'obtention de l'orgasme – va être utilisée par la femme :

- Pour punir ou se venger : je refuse de faire l'amour ou de jouir parce que tu m'as blessée. Bien souvent on avance un alibi : la fatigue, une migraine, un travail à finir, un enfant malade.
- Pour affirmer son existence : je refuse ou j'accepte pour que tu comprennes que j'existe, que je compte.
- Pour affirmer son indépendance : je ne veux pas entrer en fusion, en dépendance avec toi.
- Pour affirmer son autorité et mettre l'autre en position de demandeur(se).
- Pour manipuler : j'utilise ton désir, ton besoin pour te faire agir comme je veux.
- Comme moyen de troc : si tu es gentil(le), si tu me fais plaisir, on fera l'amour, j'aurai un orgasme.
- Pour protester.

La mésentente conjugale devra être résolue si l'on veut retrouver le chemin de l'harmonie sexuelle et du plaisir. Une psychothérapie de couple sera entreprise si la mésentente est grave.

Conclusion

La sexualité, bien plus que du sexe !

Les Orientaux avaient fait de l'érotisme une activité sacrée et de l'orgasme une extase quasi mystique. Chez nous, en Occident, la sexualité ayant été réprimée, nous n'avons pas eu la chance de la voir sous ce jour. Il y aurait beaucoup à faire pour sacraliser la vie sexuelle sous nos latitudes ; ce que j'ai entrepris dans *Sexualité, la voie sacrée.*

Mais déjà si nous humanisions cette sexualité, c'est-à-dire si nous la sortions de la vulgarité et de la pornographie, nous aurions fait un grand pas vers le bonheur. Pour cela, considérons notre partenaire non comme un objet mais comme un sujet – un être semblable à nous, qui a une sensibilité, un idéal, des rêves, des blessures, des peurs – et l'activité sexuelle non comme une pratique mécanique mais comme une relation – une façon de se dire l'un à l'autre notre amour, notre tendresse, notre besoin de bien-être, notre désir d'être câliné, notre estime de l'autre – oui, ça aurait un sens et ça nous comblerait.

Table des matières

Du même auteur aux Éditions Leduc.s

La caresse de Vénus

Sa petite taille n'empêche pas le clitoris de jouer un rôle primordial dans la sexualité et l'équilibre psychique de la femme.

Les plaisirs qu'il procure prennent toutes sortes d'intensités et de formes jusqu'à l'extase. Mais le rôle du clitoris va plus loin : c'est par l'autocaresse que la femme, dès son plus jeune âge, érotise son corps.
C'est par le plaisir clitoridien que le vagin – la belle au bois dormant – s'éveille et accède à l'orgasme.

L'auteur préconise des caresses pour en finir avec la prétendue frigidité vaginale. De leur côté, les hommes apprendront ici l'art de la caresse clitoridienne et, au-delà, ils s'initieront aux arcanes de la sexualité féminine.

Format : 11 x 17,8 cm – Pages : 256
ISBN : 978-2-84899-279-2
7,00 €

L'HOMME (NOUVEAU) EXPLIQUÉ AUX FEMMES

Et si, pour une fois, on nous disait tout sur les hommes : ce qu'ils ont vraiment dans la tête, ce qu'ils pensent de leur sexe, ce que représentent pour eux les seins, la peau, le ventre d'une femme...

Ce livre est un voyage au cœur de l'intimité masculine. Il explique le premier sexe aujourd'hui, ses peurs, ses doutes. Et nous dit comment agir face aux défaillances du sexe fort, qu'elles soient sexuelles ou sentimentales.

Dans ce traité des caresses au masulin, vous découvrirez les fantasmes, les positions, les mouvements, les baisers... qui font vibrer les hommes. Comment devenir pour eux une amante encore plus sensuelle, encore plus «magique»?

Un véritable manuel à l'usage des femmes amoureuses car on n'en sait jamais assez sur l'art d'aimer.

Format : 14 x 21,5 cm – Pages : 336
ISBN : 978-2-84899-528-1
18,50 €

Comment le rendre fou (de vous)

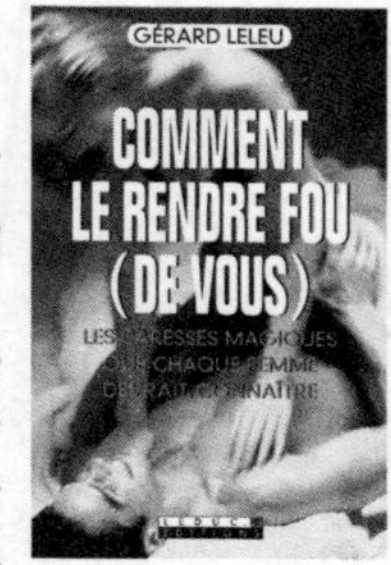

Souvent les hommes ne disent pas à leur partenaire ce qu'ils aiment et attendent : quelles caresses, quels gestes...
On parle du mystère du plaisir féminin. Mais les hommes aussi ont une sexualité complexe. Dans ce mode d'emploi érotique à l'attention des femmes, le docteur Gérard Leleu fait entrer la lectrice dans les coulisses du plaisir au masculin. Avec à la fois précision scientifique et poésie, il explique aux femmes comment ça fonctionne, un homme, ce qu'il aime, ce dont il rêve, les baisers et les caresses qu'il préfère, les points érotiques qui lui font perdre la tête, les positions et les mouvements qui le rendent fou...

Au pays du plaisir, découvrez de fabuleux itinéraires à travers la peau de l'homme ainsi que de précieux conseils 100 % pratiques et 100 % érotiques.

Voici le traité des caresses magiques que chaque femme devrait connaître pour devenir une amante parfaite et envoyer son homme au septième ciel !

Format : 11 x 17,8 cm – Pages : 224
ISBN : 978-2-84899-145-0
6 €

Vous voudriez recevoir notre catalogue par la Poste ? On vous l'enverra avec grand plaisir. Il vous suffit de photocopier, recopier ou découper ce formulaire et nous le retourner complété à :

Éditions Leduc.s, 17 rue du Regard, 75006 Paris

NOM : ....

PRÉNOM : ....

ADRESSE : ....

....

CODE POSTAL : ....

VILLE : .... PAYS : ....

Si vous souhaitez être tenu au courant de nos publications et de l'actualité de nos auteurs, et/ou recevoir notre catalogue au format PDF, complétez les champs ci-dessous :

E-MAIL : .... @ ....

Nous souhaiterions mieux vous connaître :

Quelle est votre ANNÉE DE NAISSANCE : ....

et votre PROFESSION : ....

Magasin dans lequel vous avez acheté *Comment la rendre folle (de vous)* :

....

Nous sommes à votre écoute : faites-nous part de toutes vos suggestions et votre avis sur le livre que vous venez de lire :

....

....

....

....

À .... LE ....

MERCI ET À BIENTÔT !

Vous pouvez aussi répondre au formulaire disponible sur Internet : **www.editionsleduc.com** ou prendre contact avec notre service client à **info@editionsleduc.com**.

Achevé d'imprimer en Espagne
par BlackPrint CPI Ibérica S.L.
Sant Andreu de la Barca (08740)
Dépôt légal : février 2013